琳琅集

海外汉学家访谈录

南方都市报 编

南方日报出版社
NANFANG DAILY PRESS
中国·广州

图书在版编目（CIP）数据

琳琅集：海外汉学家访谈录 / 南方都市报编. -- 广州：南方日报出版社，2023.8
　ISBN 978-7-5491-2719-1

Ⅰ．①琳⋯ Ⅱ．①南⋯ Ⅲ．①汉学家－访问记－世界－现代 Ⅳ．①K815.81

中国国家版本馆 CIP 数据核字(2023)第 121603 号

LINLANG JI
琳琅集：海外汉学家访谈录

编　　者：	南方都市报
出版发行：	南方日报出版社
地　　址：	广州市广州大道中 289 号
出 版 人：	周山丹
责任编辑：	刘志一　李　哲
装帧设计：	肖晓文
封面题字：	曹宝麟
责任技编：	王　兰
责任校对：	阮昌汉　朱晓娟
经　　销：	全国新华书店
印　　刷：	广州市岭美文化科技有限公司
开　　本：	787mm×1092mm　1/16
印　　张：	13
字　　数：	200 千字
版　　次：	2023 年 8 月第 1 版
印　　次：	2023 年 8 月第 1 次印刷
定　　价：	58.00 元

投稿热线：（020）87360640　　读者热线：（020）87363865
发现印装质量问题，影响阅读，请与承印厂联系调换。

前言

在全球化时代，文明的交流与互鉴，是具有重要意义的课题。当今的中国已是"世界之中国"，中国的发展立足于全球命运共同体的土壤之中，对中国思想文化的深刻体认，也亟需来自域外的、他者的学术视野。

无论在西方还是在东南亚，海外汉学都已有数百乃至上千年的历史，累积的学术成果洋洋大观。2022年5月起，南方都市报推出"琳琅集·海外汉学访谈系列"，采访当今活跃于中国研究相关领域的海外学者，由书及人，由学术及人生，既梳理海外汉学家的学术历程、研究成果、视野方法，也书写其中国情结、人生故事，为当代海外汉学留下一卷璀璨鲜活的人物群像。

"琳琅"原意为美玉，也譬喻珍罕的典籍、美好的人才。我们所接触的海外汉学学者，各有其不同的人生境遇、性格禀赋、学术信仰和研究志趣，他们大多拥有极高的语言造诣，对中国历史文化也怀着深沉的热爱，其为学、为文与为人，常常让人有"触目琳琅"之叹。

钱锺书先生尝言："东海西海，心理攸同；南学北学，道术未裂。"希望该系列能以生动活泼的形式，为读者公众勾勒出当代海外汉学的发展概貌，展现出不同文明之间的相遇、交流、融通与碰撞，抉发中外学术蕴藏在多元景观中的"貌异心同"：在探求真理的道路上，对人类及其命运作永恒的观照。

Stephen Owen

Wolfgang Kubin

Bill Porter

Kang-i Sun Chang

Kin Bunkyo

Wilt L.Idema

Maghiel van Crevel

Richard J. Smith

Martin J. Powers

Lloyd Haft

Peter Lorge

Pietro De Laurentis

Kishimoto Mio

琳琅集

目 录

和唐诗谈恋爱，对宋词有话说
▎宇文所安访谈 ▷ 001

沉浸式了解中国文化，与学术对象"打成一片"
▎顾彬访谈 ▷ 021

中国古代诗歌能做到英语做不到的事情
▎比尔·波特访谈 ▷ 037

没有其他文化传统比中国更重视才女
▎孙康宜访谈 ▷ 051

以"训读"为经纬，透析东亚"汉字文化圈"
▎金文京访谈 ▷ 067

让中国俗文学在西方汉学界"C位"出道
▎伊维德访谈 ▷ 081

真正理解中国当代诗歌，必须走入民间
▎柯雷访谈 ▷ 095

文化从来不是一种零和游戏
▎司马富访谈 ▷ 109

中国的知识资源启发了西方的许多现代观念
▎包华石访谈 ▷ 123

在汉语诗歌里发现"美"与"真"
▎汉乐逸访谈 ▷ 137

努力破除宋代"崇文抑武"之成见
▎龙沛访谈 ▷ 155

要真正了解中国古代社会就离不开书法
▎毕罗访谈 ▷ 169

用崭新的视野看待明清时代
▎岸本美绪访谈 ▷ 183

宇文所安
Stephen Owen

和唐诗谈恋爱，对宋词有话说

宇文所安访谈

宇文所安（Stephen Owen），哈佛大学James Bryant Conant荣休教授，西方汉学界卓有成就、深具影响的中国文学研究者。1946年生于美国密苏里州圣路易斯市，1972年获耶鲁大学东亚系博士学位。主要研究领域为中国古典文学、抒情诗和比较诗学。主要著作包括《初唐诗》（The Poetry of the Early T'ang, 1977）、《盛唐诗》（The Great Age of Chinese Poetry: The High T'ang, 1980）、《中国传统诗歌与诗学：世界的征象》（Traditional Chinese Poetry and Poetics: An Omen of the World, 1985）、《追忆：中国古典文学中的往事再现》（Remembrances: the Experience of the Past in Classical Chinese Literature, 1986）、《迷楼：诗与欲望的迷宫》（Mi-lou: Poetry and the Labyrinth of Desire, 1989）、《诺顿中国文学作品选：初始至1911年》（An Anthology of Chinese Literature: Beginning to 1911, 1996）、《晚唐：九世纪中叶的中国诗歌（827—860）》[The Late T'ang: Chinese Poetry of the Mid-Ninth Century (827—860), 2006]、《中国早期古典诗歌的生成》（The Making of Early Chinese Classical Poetry, 2006）、《杜甫诗集》（The Poetry of Du Fu, 2015）、《只是一首歌：中国11世纪至12世纪初的词》（Just a Song: Chinese Lyrics from the Eleventh and Early Twelfth Centuries, 2019）等，并与孙康宜一起主编《剑桥中国文学史》（The Cambridge History of Chinese Literature, 2010）。

宇文所安是北美当代著名汉学家，哈佛大学荣休教授，海外中国古典文学研究领域的巨擘。他1946年出生于美国密苏里州圣路易斯市，成长在美国南方小城，1959年移居巴尔的摩。在巴尔的摩公立图书馆，他沉湎于诗歌阅读，首次接触到庞德[①]（Ezra Pound, 1885—1972）翻译的李白诗歌《长干行》，"遂决定与其发生恋爱"。1972年，宇文所安凭论文《韩愈和孟郊的诗歌》（*The Poetry of Meng Chiao and Han Yu*）获得耶鲁大学东亚系博士学位，执教耶鲁大学，后履职哈佛大学东亚系、比较文学系。

他的物理学家父亲曾担忧研究中国诗难以"自立"，四十多年后，宇文所安告诉南都记者："能以阅读和教授诗歌谋生，此生幸甚。"

备受中国读者追捧的汉学家

博物馆里展出的商周青铜器皿，让宇文所安心驰神往。论及他颇富创见的对唐代诗人的阐释，宇文所安用了一个鲜活的比喻：他将青铜器皿周身的铜绿比作古典诗歌因年代久远而产生的某种意义的锈蚀。而学者的任务，就是要清除这层锈蚀，恢复词语原本的光泽。

1977年，31岁的宇文所安以《初唐诗》一举成名。在这本书里，他首次对当时不受学界重视的初唐诗歌进行了整体性考察，结合唐诗产生的社会历史环境，透辟地辨析初唐诗歌的自身特色和美学成就。随后，他又陆续出版《盛唐诗》《中国传统诗歌与诗学：世界的征象》《追忆：中国古典文学中的往事再现》《迷楼：诗与欲望的迷宫》等著作，以非凡的文献功夫和宽阔的学术视野，在唐诗研究的畛域建树卓著。

中国大陆对宇文所安作品的译介始于20世纪90年代。1990年，上海古籍出版社"海外汉学丛书"出版了由郑学勤翻译的《追忆》。从2004年起，生活·读书·新知三联书店推出"宇文所安作品系列"，成体系地译介其学术成果，包括《初唐诗》《盛唐诗》《中国"中世纪"的终

[①] 埃兹拉·庞德，美国诗人和文学评论家，意象派诗歌运动的重要代表人物，美国艺术文学院成员。他从中国古典诗歌、日本俳句中生发出"诗歌意象"的理论，为东西方诗歌的互相借鉴作出了卓越贡献。

《盛唐诗》书影

《追忆：中国古典文学中的往事再现》书影

结》《迷楼：诗与欲望的迷宫》《追忆：中国古典文学中的往事再现》《中国早期古典诗歌的生成》《晚唐：九世纪中叶的中国诗歌（827—860）》等数本。这套作品呈现出如唐诗般清新刚健的气息，肌理细密而新见迭出，既启发智识也带来不可抗拒的文本的愉悦。它迅速突破了古典文学的学科壁垒，一时间，宇文所安的大名在高校学子乃至普通读者中如雷贯耳，对《追忆：中国古典文学中的往事再现》等作品的谈论亦成风尚。

在某读书网站相关条目下，读者们热情地称宇文所安为"美国文青""一个深深迷恋中国古典诗歌的美国人""可爱的老头"。

2010年，宇文所安与耶鲁大学孙康宜教授联袂主编的《剑桥中国文学史》在英语世界面世。这部巨著被看作当时海外汉学界"重写中国文学史"的重要实践，而其采用的"文学文化史"的研究方法、"去经典化"的叙述策略，在中文学界也引起广泛的讨论。

宇文所安对文学史有独特的认识，在他看来，文学史绝非"名家"史。他更感兴趣于抉发宏大叙事之外的有关作者和作品的真相。他自称"历史主义者"，述而不作。"我只是拣起那些被遗忘的，不被看见的，或掩埋在尘土里的东西。"此种理念贯穿宇文所安学术生涯的始终，成为理解其诗学思想的密钥。

既实用又有趣的翻译实践

不容忽略的是，宇文所安还是一位勤勉而杰出的译者。谈起翻译，他颇为自得。他很早就开始大量移译中国古典诗歌和文论，包括初唐诗、盛唐诗和晚唐诗七百余首，他还翻译了杜甫诗歌的首部英文全集，虽然"细致入微、带有层次感地理解杜甫是十分困难的"，但经由翻译，他发现了杜甫天才的"隐秘的角落"。1152页的《诺顿中国文学作品选：初始至1911年》，则被宇文所安定义为"作为'译文'来说最有意思的产品"。

巧的是，他的另一部译著《中国文论：英译与评论》于2003年由上海社会科学院出版社引进出版。该书是宇文所安在哈佛大学讲授中国古典文论的教案集结，当中有从《毛诗序》《典论·论文》《文心雕龙》到《沧浪诗话》《原诗》等主要中国古典文论的英译及评点。宇文所安的阐释充满真知灼见，读者大呼读来有醍醐灌顶之感。

宇文所安有两种翻译实践：一种是实用性的，为了让不通中文的学生凭借译文学习汉语诗歌。在教授这些诗文时，他常不动声色地观察学生脸上的表情，以此判断"哪些文本是成功的，哪些不成功"。

另一种翻译则使用非同寻常的"戏剧化"手段：他仿佛化身为莎士比亚或《桃花扇》的作者，把翻译的中国作家想象成不同的角色，赋予他们不同的个性及言说方式，以便在译文中传达万千种感性而微妙的诗意的"差别"，并由此突破对英译汉语诗的类型化成见。

"翻译的过程充满了创造性的乐趣。"宇文所安说，"而且，从我学生的反应来看，它效果不错。"

"关于宋词我有一些话要说"

2018年5月，在执教40余年之后，宇文所安从哈佛大学荣退。2019年，他研究宋词的新著《只是一首歌：中国11世纪至12世纪初的词》英文版出版，并于2020年斩获有"汉学界诺贝尔奖"之称的"儒莲奖"

英文版《只是一首歌：中国11世纪至12世纪初的词》书影

中文版《只是一首歌：中国11世纪至12世纪初的词》书影

（Prix Stanislas Julien）①。

自从当上教书匠，宇文所安失去了许多阅读写作的闲暇，但在《只是一首歌：中国11世纪至12世纪初的词》的序言里，他坦言教学相长，写作和研究是孤独的事情，而教学"给学术注入了生命力"。

《只是一首歌：中国11世纪至12世纪初的词》的主体内容便来源于宇文所安持续几十年的宋词研讨课。这本书的中文译本也已由生活·读书·新知三联书店出版。在这部作品里，宇文所安追踪了词从11世纪到12世纪初的发展轨迹，看词如何由一种宴会上的表演实践演变为独立的文学体裁。他卓有见地地讨论了早期词集的编撰与流通、词作的"重出"现象、词的"感性"话语体系，以及词人（譬如李清照）形象如何被选本及时代趣味所塑造。

这部作品是宇文所安的中国古典诗歌研究"由唐转宋"的标志。宇

---

① 儒莲奖，创立于1872年，以法国汉学家儒莲（Stanislas Julien，1797—1873）的名字命名，由法兰西文学院颁发，1875年起每年颁发一次，奖掖在汉学领域研究作出突出贡献的学人。

文所安说:"关于宋词我有一些话要说,我希望它能够激发起读者对于词的新的兴趣。"

当我们谈及海外学者的贡献,宇文所安向南都记者描述了一个很"多元的"海外中国文学学者群体。在这个群体里,有宇文所安的妻子田晓菲教授这样地道的中国人;有美籍华人,其中的一些是第二代或第三代移民;有欧洲人;也有像他一样的美国白人。大家都把彼此当作"另一个学者",鲜少注意到种族与国别之分。

"但是当我在中国的时候,我就变成了一个'外国/海外学者'。我说的一切不仅仅是一位中国文学研究者的意见,更是'一位外国/海外学者的见解'。这对我来说是有些奇怪和不适的。"宇文所安略为遗憾地说,"我不希望是这样。"

试图清除诗歌语言的"锈蚀"

南都：您对唐诗的研究，一个很重要的方法是把诗人和作品与具体的历史语境放到一起来做整体评述。事实上这对您是一个很大的挑战，不单要熟悉文学作品，同时要去考量中国的历史。您这个模式有受到某位前辈的启发吗？

宇文所安：这个方法来自我阅读的大量文学史和关于文学史的学术著作，其中包括用汉语写的中国文学史，也包括欧洲、伊斯兰和南亚的文学史。我经常思考怎样把研究做好，我的想法随着时间推移而改变。我不认为这种研究是为了研究本身而做的，它事实上是构建特定文学文本的阅读框架的诸多可能方式之一。通常，我们经由文学史首次接触到对来自其他历史时期或其他文化的文本的解读，而文学史同样也指出了另一些形态的语境架构的可能。

从我耶鲁大学的老师开始，我可以罗列和讨论一长串曾经启发、影响过我的作家、学者。然而，我始终坚信——既践行在我的工作中，也作为我教育学生的原则，对于一位文学学者来说，最重要的是回到原始文本并熟知它们。这也适用于对语境的讨论：最重要的是考量在时间上最接近于对象文本的那些书写。

至于说"挑战"，我只能说，能以阅读和教授诗歌谋生，此生幸甚。

南都：对唐代诗人的形象阐释，您的建构非常有新意，和中国传统学者的研究有所不同，让读者耳目一新。当然，也有评论者认为有些是出于您个人的创造性想象。您如何看待这种评价？

宇文所安：无论它们多么奇妙，我们在博物馆岑寂的光线里看到的古老青铜器并不属于那儿。即便现在，它们也自有其独特的美丽，但它们并不是为我们这个世界创造的。它们应该被打磨得金光闪闪，悬挂在熊熊燃烧的火上，在宽阔黑暗的大厅里，它们的饕餮纹饰在火堆与火把的光焰中幽幽泛光，大厅里充满了正在烹煮的肉、以黍酿造的酒和动物牺牲的血腥的气味，也回荡着悬挂在钟架上的青铜编钟的声响，钟体也在跳动不息的火光里光彩灼烁，仪典颂诗正在被唱诵。

这是我的"创造性想象"吗？或者它只是把我们已知的东西汇聚在一起，整合它们，并将其作为一个整体予以描述？

诗歌难道不值得被同样对待吗？它的语言也已经生出了锈蚀的铜绿。许多人更愿意接受铜锈斑斑的诗歌，他们在孩童时代就这样学习它们。这当然没有问题，那些将唐代的用法和现代用法简单对等起来的注释也并不是错误的。唐代诗人发展出了一些固定的特征，它们不断被重复，选择那些符合这些标准特征的诗歌是一件让人感到安妥的事。

但是，在阅读诗歌或阅读与诗歌有关的文本时，我不时会瞥见"被打磨得锃亮的青铜的闪光"，我试图清除那层锈蚀。举个例子，大概是在杜甫逝世后十年间，樊晃（约700—约773）[①]编了一部杜诗小集，在这部业已散佚的集子的序言里，樊晃给出了关于杜诗的最早评论："江左词人所传诵者，皆公之戏题剧论尔，曾不知君有大雅之作，当今一人而已。"这显然暗示着江左词人不知道杜甫的伟大之处。我也相信杜甫有"大雅之作"，但我对他的"戏题剧论"深感兴趣，它意味着机智、诙谐与游戏精神。之所以特别有趣，是因为机智的语言通常很难传世：在语言历史中的某一刻令人觉得好笑的东西，三百年后读来可能毫无风趣可

[①] 樊晃，唐诗人。大历年间（766—779），曾集杜甫诗为《杜甫小集》，收录杜诗二百九十首，并作《杜工部小集序》，此为杜诗集本之祖。

言；而大约在樊晃过世三百年以后，杜诗笺注方始传世，杜甫也被形塑为"诗圣"。如果你仔细检视杜诗的主题与语言，不难发现他的夔州诗是多么好笑。比如说他是第一个在诗里提及乌鸡并描写自制豆瓣酱如何在罐子里晃荡的诗人。

这导向了一个有趣的问题：杜甫注意到细碎的日常事物并发现蕴藉在其中的"轻盈"，此种才能是否与他创作"大雅之作"的能力相关？

我是个历史主义者："述而不作"。我只是拣起那些被遗忘的，不被看见的，或掩埋在尘土里的东西。

南都：打破朝代分野是整部《剑桥中国文学史》的显著特色，您在书中也提出了"文化唐朝"的概念，认为其"始于七世纪五十年代武则天登上权力宝座，直至十一世纪的最初几十年，其中包括宋代建立后的半个多世纪"。这种创新的分期的依据是什么？请简单谈谈您的"文化唐朝"。

宇文所安：有一次，在我主持的唐诗研讨课上，我梳理了所有初唐诗人并列出他们每个人的出生地。我把这份名单交给学生，问他们如何解释这一现象。这并不是个困难的任务。因为在太宗朝，诗人几乎全是北方人，来自有限的几个北方地域。那些家乡原本在北方不太知名的地区的诗人们，有许多举家迁到了长安。还有一些原本是南方人士，但随着南方的陷落，他们也在早些时候被带到了长安。

从公元660年起，我们开始看到一些土生土长的南方诗人（譬如骆宾王）以及中国西部地区的诗人（比如来自四川的陈子昂），他们的写作相当出色。众所周知，武则天曾在全国搜罗人才，并将诗歌纳入科举考试。进入8世纪后，我们能看到愈来愈多年轻诗人来自帝国各个畛域，尤其是南方。正如殷璠[①]在《河岳英灵集》序言里指出，许多通过进士考试者终生只拥有一个很卑微的官位，而且通常是在外省。在太宗朝，长安城和朝堂几乎就是我们在诗中所见的全部世界。

[①] 殷璠，唐代诗选家，曾编选开元、天宝间作者二十四人诗为《河岳英灵集》二卷，鉴选精审，颇为后世所推重。

到了玄宗朝，我们看到来自各地的愈来愈多的诗人描写长安以外的名胜佳迹和自然景致，他们也并不总是表达生活在长安的愿望。当这些诗人在外省时，他们也写诗给同在外省的相知，不见得写给那些身在长安或洛阳的人。

换句话说，在太宗朝和高宗朝初期，长安和洛阳就像古罗马，俨然是"拥有"一个帝国的双重城邦，而其外的帝国却在很大程度上是不可见的；一个世纪以后，我们却看到了一个由许多地方组成的帝国。与双城带一个帝国的情形相反，我们看到一个"拥有"两个都城的帝国。这是一个巨大的变化。我并非为求新而求新；我只是不想再写一部这样的文学史，其中的文学作品里蕴藏的深刻社会变迁被朝代的历史所遮蔽。

相比于扭曲文化史以使其紧密依附于政治历史，详述文化史上的巨大变革是有重要意义的。我保留了"唐"的称谓是因为这段文化时期和历史王朝有极大的重叠。

南都：《剑桥中国文学史》还使用了"去经典化"策略，即淡化对传统着重介绍的经典作家作品的关注，如杜甫、陶渊明等人及其作品，对传统文学史不太重视的作家作品反而着墨颇多，这是为什么？不担心这会给读者带来误读吗？

宇文所安：我必须强调，《剑桥中国文学史》是由多名作者共同撰写的，我无法替他们回答问题。我们写书是希望它被阅读。《剑桥中国文学史》是为非中国读者写的。讽刺的是，阅读它的也许更多是中国读者——但这部书并不是为中国读者写的。

只讨论几个经典作家的问题在于，它只描绘出了一些孤立的时刻，而抹煞了中国文学的恢宏、多元以及绵亘不绝。它让中国的文学史显得像一座博物馆——一个房间挨着另一个房间，而非试图传递这个传统作为一个生态系统的整体性。

"关于宋词我有一些话要说"

南都： 您的著作《只是一首歌：中国11世纪至12世纪初的词》近年在中国大陆出版。这是中国读者读到您写的第一部关于宋词的学术著作。能否讲讲您写《只是一首歌》这本书的缘起？这本书的内容，与您在大学里开设的宋词讨论课有什么关联？

宇文所安：《只是一首歌》脱胎于我从20世纪七八十年代起开设并持续了几十年的宋词研讨课。自从1994年以来，英语世界里还没有出版过研究词的专著，唯一的例外是田安（Anna M. Shields）[①]2006年出版的《缔造选本：〈花间集〉的文化语境与诗学实践》（*The Cultural Conetexts and Poetic Practice of the Huajian Ji*）。这本书回顾了唐朝而非展望宋朝，这在此书的语境里当然是恰当的。但是关于宋词我有一些话要说，我希望它能够激发起读者对于词的新的兴趣。

南都： 传统的词史实际上是词人史。在《只是一首歌》里您提出了另一种角度，即将词史当作词集史来看待，因为词的作者实际上是由传世书籍缔造出来的。研究词集史对宋词的演变发展能得出哪些新的结论？

宇文所安： 你问的问题很好。这些正是我试图在书里回答的问题，因此对它们的回答将需要比一个访谈能够容纳更多的时间和版面。简单来说，对于早期作品而言，我们最好去阅读词集，因为我们并不准确地知道这些作品的出处。在某些后来的词人那里，有时候也是同样的情况，比如贺铸、周邦彦或吴文英的词集。但在大约11世纪末，我们能看到愈来愈多由作者本人精心编撰的词集。

通常，词集呈现出一位作者的形象，而它又反过来吸引那些符合这一形象的词作。在早期的轶事里，柳永为宫廷作词——我们仍然能读到那些词，可逐渐地，他变成了一个蔑视宫廷的反文化英雄。后一

[①] 田安，美国亚利桑那大学副教授，曾师从宇文所安，主要研究方向为中国文学与文化。

个形象胜出，造就了民间的"柳三变"。没人能找到形象背后真实的人，而形象本身也变动不居。

南都： 您在书里写道，在11世纪，作者是词的属性；而从12世纪开始，词却成了作者的属性。发生这种转变背后的原因是什么？它如何推动宋词逐渐取得与诗分庭抗礼的正统地位？

宇文所安： 这是一个很重要的问题，而这个问题的答案可以帮助解释你的其他几个提问。当我说作者身份是一首词的"属性"，这听起来很后现代，也很"外国"。这本书是用英文写就的，它的目标读者群能够接受这样的表述。

假设我有一首七绝；同时开设一门晚唐诗的研讨课和一门明代诗歌的研讨课，分别面向不同的学生；此外我还被邀请去做一场关于当代古典诗的讲座。在第一门研讨课上，我把这首七绝放在杜牧诗选里，告诉学生这首诗出自杜牧之手。学生们喜爱这首诗，他们讨论它如何体现了杜牧诗歌的特点。在另一门研讨课上，我把这首诗系于明代"前七子"中一个不甚知名的诗人的名下。学生们告诉我这首诗是多么陈腐，它如何未能捕捉到晚唐真正的风流。在面向现代文学学者的讲座上，我展示了同一首诗，并称它是由一位擅长写作旧体诗的年轻中国学生在几年前撰写的，听众意见出现了分歧：一些人觉得它是无聊的写作练习；另一些则认为，这首诗虽然在平仄上有些小毛病，但它拥有美妙的反讽意味，含蓄地将当下世界和过去加以对照。

由同样的字句组成的同一首诗在三个不同的情境里，得到的反馈或有云泥之别。在这个案例里我们看到，作者身份和关于作者身份的语境，对于同一首诗而言是不同的"属性"。

这接近于庄子"朝三暮四"的成语典故。理解和价值会随着我们对同一事物的描述而改变。

上述情境也会变化：作者身份也可以不仅仅只是一个属性。比如说我读一首苏轼词，作品的风格显而易见是苏轼的——很难搞错。它常常指称我们熟知的苏轼生活中的人物与事件，以及他应对人生经验的方式。作者的名字不会改变我们对词的阅读：它是显而易见的。这首词就此成为我们对苏轼的理解的一部分。

中国文学史希望一切都像苏轼这样，作者和文本形成一个完美的整体。但是我看到某种深刻而缓慢的改变。在改变的两边都有很美的诗，但是它们的美是不一样的。

南都：您通过王灼①在《碧鸡漫志》里对李清照的评价，证明了作者如何被其流传后世的作品所塑造。"我们面对的是李清照词作被扭曲后的模样，是受其文献来源的特定限制形塑而成的面貌。"我们怎么能够判断，那些被王灼批判的"侧艳"之作一定出自李清照？

宇文所安：我希望我在书里阐释清楚了：我们并不知道系于李清照名下的那些艳词真的出自她手还是"恶意的归属"。这些词已经散佚，我们通过王灼的谴责才得知它们的存在，而王灼的批评如此具体，显然不能用李清照现存的任何词作加以解释。需要补充的是，能够可靠地系于李清照名下的最大数量的词来自《乐府雅词》，而《乐府雅词》的编者曾慥②曾经明白地说，他在编辑时删除了所有不是"雅词"的作品。

我只是试图摆脱依据"道德"标准对李清照其人其词的评断。假如她真的写了这样的词作，可能多半也是为了娱乐。所谓的"艳"诗（并非严肃的爱情诗）往往只是为了博人一笑——也许是尴尬的一笑，而不是为了挑动欲望。

南都：您认为您的宋词研究与唐诗研究相比，有哪些一脉相承的地方？在方法、理念和主题上又有哪些不同之处？

宇文所安：这是另一个大问题，一言难尽。诗的"流动"是克制而清晰的，有曲折和意外，但总体稳定；词的"流动"则可以先急后缓。它有许多种节拍，这些节拍似乎体现了心灵与思想的动态。

---

① 王灼，南宋文学家，遂宁（今属四川）人，博学多识，精于音律。高宗绍兴年间曾为幕僚职官，寄居成都碧鸡坊妙胜院，成《碧鸡漫志》五卷，评词作，记故实，溯词调源流，时有创见。

② 曾慥，两宋之际道家学者、诗人，福建晋江人，曾选录北宋名家词为《乐府雅词》。

翻译的过程充满了创造性的乐趣

南都： 除了做学术研究，您还有一个身份是翻译家。您很早就开始从事中国古典诗歌的翻译工作，在这方面成果斐然。您翻译了初唐诗、盛唐诗和晚唐诗共751首，您还是杜甫诗歌首部英文全集的译者。请您谈谈这么多年从事诗歌翻译的体会。您有自己的翻译方法吗？

宇文所安： 你忘了提到诺顿出版公司出版的长达1152页的《诺顿中国文学作品选：初始至1911年》。在我看来，这是我的翻译实践中作为"译文"来说最有意思的产品；其他翻译都是出于写书写论文的需要，或者帮助中文不够的读者理解原文。

首先，我认为翻译工作取决于你为什么以及为了谁去翻译。《诺顿中国文学作品选：初始至1911年》是为通过译文学习中国文学的美国学生翻译的。那些诗文我教了几十年，我知道哪些文本是成功的，哪些不成功（通过观察学生脸上的表情来判断）。假如学生对一个文本没有反应，我会修改我的翻译；假如他们还是没有反应，我就给他们读另外一个文本。在这一点上我非常实际。

当我思考翻译的时候，我有一个迥异于寻常翻译实践的态度。大多数移译入英文的汉语诗歌听起来都像"翻译过来的汉语诗"。然而，受过教育的中国读者不会看到"汉语诗"：他们看到的是差别——存在于时代之间、个体作者之间、文体风格之间的各种差别。因此，对我而言，好的翻译应该向另一种语言里的读者传达这些差别。此种翻译的范型，让我想到戏剧：在伟大的戏剧里，角色是彼此殊异的，每一个角色都有自己运用语言的方式，有他自己的个性。在莎士比亚的戏剧里，或者在《桃花扇》里，皆是如此。文本的愉悦和深度取决于一个由不同声音组成的"家族"。

因此，当我翻译中国作家作品的时候，我开始"创造角色"，运用我的英语文学知识来暗示那个"家族"里一代和另一代的区别。我用一些简单的形式上的变体来标记文体的区别。我不希望这些区别太过显眼，但它们又必须是一个英语读者可以领会和习惯的东西。比如翻译文言时我使用"英国英语"，翻译白话则使用"美国英语"。

我还可以说很多，但是翻译的过程充满了创造性的乐趣。而且，从我学生的反应来看，它效果不错。

南都： 2006年您开始翻译杜甫诗集，历时八年完成。这是艰难而漫长的工作。翻译杜诗对您来说最大的挑战在哪？

宇文所安： 最大的挑战在于，细致入微、带有层次感地理解杜甫是十分困难的——他对汉语的运用有许多创新。而最大的报偿在于发现杜甫天才的"隐秘的角落"，这些角落是此前我没有注意到的。

南都： 译入英文的中国古典诗歌在英语世界里的接受度如何？它们是否受到普通读者的关注和喜爱？这些年来，您为推动中国古典诗歌在西方世界的接受做了哪些努力？

宇文所安： 中国诗歌在英语世界里一直被人欣赏，但是人们把它作为一个类型化的"中国诗歌"来欣赏。这是我想改变的。我想向英语读者展现独特的诗人和独特的声音，而非一个笼统的"中国诗歌"。

南都： 最早将中国古典诗歌译入英文的大概是埃兹拉·庞德，您怎么评价庞德对李白的两首诗的翻译？

宇文所安： 当然，庞德远非第一个将汉语诗歌移译入英文的人。但是，假如有所谓的"文学翻译"的存在，庞德的翻译就是。庞德的翻译是不精确的，虽然它会被了解中文原作的人辨认出来。但是庞德对英语语言具有无与伦比的感觉，他的译文真正地变成了"英语诗歌"。

南都： 除了诗歌以外，您还在1992年翻译出版了《中国文学思想读本》，其中包括《诗大序》《典论·论文》《文心雕龙》《沧浪诗话》等。哪些中国古代的文学思想影响了您自己的学术研究？

宇文所安：自从着手研究中国文学，我便开始阅读前现代的中国文学评论。我总是从中获益匪浅，中国的批评和阐释传统非常多元——远超当代学术批评所允许的范畴。

南都：您曾在一个访谈里谈及自己的学术渊源，说自己"来自解构的家族，却是个古怪的解构主义者"，应该怎么理解这句话？

宇文所安：首先要说明的是，汉语里对"deconstruction"的标准翻译"解构"是很糟糕的，它导致了许多误解。一种方法是把它看作中国人所熟悉的某种"逆向操作"。你拆开某个东西，以便理解它是如何制造的，它为何被如此制造，以及制造它的方法。语言内部的"逆向操作"是复杂的，因为语言自身就是构成言说的力量。但你的意图不是要摧毁任何东西。在这个意义上，"解构"并非一个"体系"或某种"技术"：在人文学科里，它是调动一切语言资源来理解你所阅读的文本的一种方式。我可以给你举许多例子，但那会占据太多篇幅。

当你将解构作为一种习惯内化在阅读行为中，你能注意到在其他情况下注意不到的事物。对这些事物，我们可以用文献证明并展示给读者。我在"解构"的家族中是个异类，因为我是个历史主义者。我关注的不是政治史，而是某些新的东西如何以及为什么出现在某一历史时期，文本如何在时代和时代用语的上下文里安置自身。词语的意义和细致含蓄的内涵会改变，此前从未或罕有出现在诗歌中的语词突然频繁地涌现。于是，我们提出一些前所未有的或者此前一千年里都没有人问过的问题，这些问题让陈旧的文本获得新生。

海外中国文学学者群体是很"多元的"

南都：从哈佛大学荣休之后，您目前的生活状况是怎样的？

还在继续研究和写作吗？未来是否有新的出版计划？

宇文所安：当我是一名研究生的时候，我自认为在学业上很用功，但仍然有许多时间用来阅读、游戏、思考，并将所思所想付诸笔端。不知道什么原因，当我开始教书以后，慢慢地我就发觉自己用于做这些事情的时间愈来愈少，总是在完成课题项目或履行职责。我曾期待退休能让我再次获得思考、游戏、阅读的闲暇。我刚刚写完了一部论述楚辞的书里由我主笔的章节，正等待着我的合作者们完成剩余的部分。我还在从事另一些工作，但我不想在当下谈论它们。我退休后的目标是阅读、研究和写作我自己喜欢的东西，作为乐趣和享受。我现在还在朝着那个目标努力。

南都：不知您与中国的古典文学学者是否有密切的交流？在海外研究中国古典文学有哪些优势？

宇文所安：有许多中国学者都是我的好友。我想谈谈海外的中国文学学者群体：这个群体是很多元的。有像田晓菲教授那样地道的中国人，她依然是中国公民，从童年时代就开始阅读诗歌和文言文；有许多美籍华人，其中一些人年纪很小就来到美国，另一些则是第二代或第三代移民；有像我一样的美国白人；也有欧洲人。像田教授这样的人感觉很中国化，也非常骄傲于自己的中国人身份；欧洲人则为他们的欧洲传统感到自豪。但当我们在一起的时候，没有人会意识到这些差异——每个学者都只是我们认识的另一个学者。没有所谓的"外国学者"或者"（在海外的）本土学者"的特权。这种情况非常珍贵：聚在一起的时候，每个人都很"自在"。但是当我在中国的时候，我就变成了一个"外国/海外学者"。我说的一切不仅仅是一位中国文学研究者的意见，更是"一位外国/海外学者的见解"。这对我来说是有些奇怪和不适的，我不希望是这样。

南都：您和田晓菲教授是著名的学术伉俪。在学术研究方面，你们二人是如何相互影响的？

宇文所安：我不会将它称作"影响"，但我们喜欢的许多东西是一样的，我们在一起开怀大笑，我们分享彼此的写作，我们也从彼此

人物专访

宇文所安近照

身上学习。

南都： 2006年，"海外中国研究丛书"出版了您的自选集《他山的石头记》（*Borrowed Stone*）。这个书名是个隐喻，让人印象非常深刻。您认为海外学者对中国古典文学的研究，对于中国本土的古典文学学术研究传统来说有什么价值和意义？

宇文所安： 和大部分研究汉学的"外国"学者不同，在我的整个学术生涯里，我都断断续续地开设过西方文学的课程。我教授西方文学理论，通常是西方文学理论的早期历史。那同样也是一段"家族历史"，与西方的文学文本有着深切的关联。我的意思是说，和中国文学传统相似，欧洲文学的历史也是通过对早期文本的共同阅读而铸造的。教授和研究它们是非凡的体验，是一种乐趣。但我很早就意识到，西方的文学理论无法被转移或"施用于"前现代的中国文学，因为那是一段截然不同的"家族历史"。将这两个"前现代家族"并置在一起，你可能受益良多并获得洞见，可那是幸运的意外——一个学者不能有意识地这么做。

如果我从"外部"带来了点什么，那么是一种阅读和思考的习惯；我在中国传统里也发现了同样的习惯，但主要是在前现代的文学批评中。我不能代表所有海外学者，但我自己同时从来自中国外部和中国内部的文学文化中获得灵感。

南都： 作为一名汉学家，研究视角和中国学者一定是有大不同的。对您来说，放在世界文学的大背景下，您对中国文学（包括古典的和现当代文学）的整体评价如何？

宇文所安： 在世界文学的语境里，古典中国文学是世界上伟大的文学之一；而当代中国文学也已成为伟大的民族文学之一。

撰文：黄茜/刘炜茗/周佩文　翻译：黄茜　审校：田晓菲　供图：受访者

顾彬
Wolfgang Kubin

沉浸式了解中国文化,与学术对象"打成一片"
顾彬访谈

沃尔夫冈·顾彬(Wolfgang Kubin),德国著名汉学家、翻译家、作家,波恩大学汉学系终身教授,德国翻译家协会及德国作家协会成员。1945年生于德国下萨克森州策勒市,青年时代先后进入明斯特大学、维也纳大学、波鸿鲁尔大学学习神学、哲学、汉学及日本学,并于1973年获波鸿鲁尔大学哲学博士学位,曾先后任教于波鸿鲁尔大学、柏林自由大学、波恩大学。主要研究领域为中国古典文学、中国现当代文学、中国思想史和翻译理论等。主要作品和译著有《中国诗歌史:从起始到皇朝的终结》(Die chinesische Dichtkunst. Von den Anfängen bis zum Ende der Kaiserzeit)、《二十世纪中国文学史》(Die chinesische Literatur im 20. Jahrhundert)、六卷本《鲁迅选集》等。曾获德国最高荣誉翻译大奖约翰·海因里希·沃斯翻译奖、第五届珠江国际诗歌节诗歌推动大奖、首届全球丰子恺散文奖金奖以及外国专家最高荣誉奖项"中国政府友谊奖"等。

1974年秋天，顾彬获得德意志学术交流中心的奖学金，从杜塞尔多夫乘飞机至香港，再从香港搭火车经广州北上，来到北京语言学院（今北京语言大学）学习现代汉语。当时的他是波鸿鲁尔大学的汉学博士，毕业后留校做辅导教员。顾彬对于能拿到这个奖学金颇感意外，原来是哥廷根大学数学系的一名女生临时不去了，由顾彬顶上。可此时顾彬的第一个孩子刚刚出生，临行前还颇有一番踌躇。

　　中国之行改变了他的命运。多年以后，顾彬在《忆当年》一文里写道："我从向往的方向来，朝向往的方向去。我去到现实之国——中国的旅途并不是我想要的，但我在那里度过的一年，却成了我人生中最幸福的一年。"

远去的时代惊鸿一现

　　沃尔夫冈·顾彬是德国知名的汉学家、诗人、翻译家，波恩大学汉学系终身教授，海外中国文学与文化研究的泰斗。大学时期，他原本就读于基督教神学专业，因受到李白诗歌的影响，从神学研究转向了汉学。李白、庄子和孟子，是他最早"神交"的三位中国朋友。

　　在北京语言学院学习的机会，像是命运女神的恩赐。整整一年，顾彬得以心无旁骛地学习汉语，在地感受中国文化。"那时候，我早上吃两片加果酱的白面包，上四小时课，课间还不忘读《启蒙辩证法》（*Dialektik der Aufklärung: Philosophische Fragmente*，1940）[1]。12点钟下课，我就匆匆忙忙往食堂赶，吃完饭，我又回到住的地方。如果不给远在盐山的外婆、母亲还有在明斯特的我孩子的母亲写信，我便继续每天早上6点就开始汉语学习。"

　　顾彬勤奋简朴，为汉语的魅力所倾倒。也是这一时期，他开始翻译毛泽东、贺敬之和李瑛的经典诗歌，也译过戴望舒的现代诗，"因为他的诗歌有战前的西班牙风和法国风"。

---

[1] 法兰克福学派代表人物马克斯·霍克海默（Max Horkheimer，1895—1973）和西奥多·阿多诺（Theodor Adorno，1903—1969）的合著作品，代表了法兰克福学派对启蒙运动及受其深厚影响的现代社会之批判。

那已经是近五十年前的事了。2022年，一组写于20世纪70年代的诗作，随着《房间里的男人：顾彬诗选》的出版而面世，再现了当年这位青年汉学家在中国的所见所感，也是顾彬首次向中国大陆的读者展现其作为诗人的一面。

《房间里的男人：顾彬诗选》书影

他写《十一月的北京》："对于旅居异乡者，/本埠的一切都来自梦中；/介于枇杷和柿子间的脸，/除了颜色，无所寻觅。"

他写《北京紫竹园咖啡馆》："在这里的太阳和火炉之间，/双腿交叉，双手把杯，/看附近的厂区：/门下无非是女工们/笑声爽朗。"

他写得最多的是西山卧佛寺："枯叶，半月，/秋天只是一段传说。/米芾涉水过山谷。浓雾后的西山，/和他一起消失直到清晨。"

他游历了一个个城市，在《长沙》，"我也来到橘子洲，/独立洲头，见湘江/真的北流，见万山/本色，笼罩雾中"；在《上海去桂林的火车上》，他看到"黄花，/瓜田，/黑牛，/睡童，/红土，/绿稻。虚构的风景，/并非诗人的"。

1973年，他刚刚完成了博士毕业论文《论杜牧的抒情诗》。毫无疑问，这些在中国的诗作，从语言到意象的使用都受到唐诗的深刻影响，且具有杜牧诗歌空灵悠远、富于禅意的特征。

时隔数十年再次展读，犹如观看一卷老电影胶片：在柿子、枇杷、白衬衫、人造革皮鞋、蓝天与红叶的交织中，它们勾勒出青年学者的心灵风景，一个远去的时代在其中惊鸿一现。

一些旧诗歌，一些新诗意

法国象征主义诗人斯特凡·马拉美（Stéphane Mallarmé，1842—1898）认为：如果你想成功，应该为抽屉默默写作二十年。顾彬说："很久以来，这促成了我不同方式的沉默：我写作，但不发表。"

在读高中毕业班时，他模仿犹太哲学家马丁·布伯（Martin Buber，1878—1965）写下了人生的第一首诗。那是1963年左右，他迷恋西班牙、意大利和法国现代诗人的作品，尤其痴迷于圣-琼·佩斯（Saint-John Perse）。年轻的他文思泉涌，落笔有声。1970年夏天，顾彬将当时写的大部分诗作编撰在一起，取名为《房间里的男人》并自费出版，大概印了400册。这组诗有81首，灵感来源于老子的《道德经》。顾彬自言："我那时不仅受到道教影响，也受到《易经》影响。作品中很多关于'变易'的想象和表达并非偶然，而是我当时的世界观受到儒家孟子的政治思想影响的结果。"

"房间里的男人"博学多识，在斗室中思考着世界。他与百家思想为伴："我寂寞的房子只有秋天光临，/圣贤的叹息汇入落叶的飘零。"他研读治国与和平的方略："最伟大的法典，/是叶到根的回归。/最伟大的国家，/是树与山之间的空阔。"他的诗句安静而充溢哲思："变化开始，但不变的是：/水泡软石头，却托起洪流""清晨的咖啡，用世界做奶油，/不美么？"

由广西师范大学出版社推出的同名诗集《房间里的男人：顾彬诗选》收录了顾彬1963—1985年间写下的诗作，分为"房间里的男人""临渊之语""动荡的安宁""猴子构造"四个部分。这些诗歌代表了顾彬诗人生涯的早期阶段，它们受到中国古典诗歌的影响，短小精悍，善于运用歧义、双关和辩证，闪烁着形而上学的光芒，显示出作者非凡的诗歌才能。

然而，很多年来，这些作品被扔在波恩的地窖里，似乎已被它们的作者所遗忘。1985年以后，诗人顾彬"让位"给了学者、翻译家顾彬，他的工作重心转移到了汉学研究和对中文作品的译介上。大概有十年的时间，他几乎不再写诗。"写作的困境伴随着我。"顾彬说。那些曾经让他为之狂热的作品，渐渐地成为创作的窠臼。

直到1994年，顾彬才摆脱影响的焦虑，找到自己的诗歌语言。变化发生在不知不觉之间，也可能是深植厚养的结果。在威斯康星大学麦迪逊分校做客座讲师时，他在一座老房子里的一张樱桃木书桌上写作。在那里，他的诗"变长了，充满了莫名其妙的叙述"。诗人顾彬复苏，新的创作高峰不期而至。"1995年到1999年之间，我不知怎么就完成一本新诗集。"顾彬回忆。连他的诗人好友北岛也善意地劝他不要写得太多太快。

2000年左右，在默默地写作了三十年后，顾彬出版了第一部德文诗集，从此一发而不可收。虽然在德国和在中国一样，学者和翻译家没必要再去写作，但他还是以几乎每两年一本的速度写作，彰显着旺盛的创作力。

而1985年以前的旧作，则静静地躺在尘埃和蛛网中。直到2014年2月，顾彬才在另一位中国诗人朋友杨炼的劝说下，决心将这批少作付梓出版。因为杨炼告诉他，作家有义务记录自己的成长，并将它们完整地呈现给读者——以证明他的那些最好的作品并非"凭空而至"。

在杨炼和德语出版人瓦尔特·费林格尔的鼓励下，顾彬开始重新整理修改几十年前的诗稿。他对旧作的修改是"节制的"，只对一些语言上的笨拙进行了改动，以及对视觉上的美感（排列、章节）进行了处理。诗稿上每一个日期注解，都像是"一座返回遥远过去的桥"，让他邂逅一些新鲜的诗意、一个年轻的自己。

与学术对象"打成一片"

顾彬曾因对中国当代文学的犀利批评名噪一时，他给人的印象是一个严肃而不乏尖锐的典型德国知识分子。但与他接触后，又不难发现他坦率可爱的一面。

作为汉学家，顾彬主要的研究领域为中国古典文学、中国现当代文学、中国思想史以及中国美学。他主编了介绍亚洲文化的杂志《东方》（*Orientierungen*）及介绍中国人文科学的杂志《袖珍汉学》（*Minima Sinica*）。自2002年起，他还主编了十卷本的《中国文学史》，并撰写其中的《中国诗歌史》《中国散文诗》《中国古典戏曲史》及《二十世纪中国文学史》。

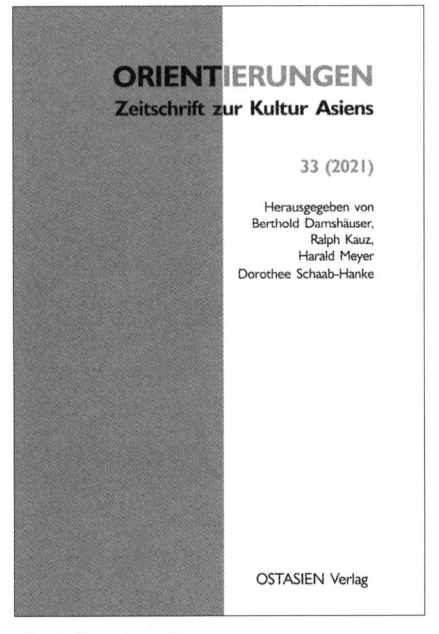

《东方》杂志书影

《袖珍汉学》杂志书影

作为翻译家，他翻译了六卷本《鲁迅选集》，并译介了包括茅盾、丁玲、巴金、北岛、舒婷、顾城、杨炼、张枣、多多、翟永明、欧阳江河、王家新等在内的大量中国现当代作家的作品。从2010年起，顾彬开始翻译、撰写十卷本《中国古代思想家丛书》，其中《论语》《老子》《孟子》等多本已在德国出版。

作为诗人，他不仅著作等身，还有一群性格各异的诗人挚友。

有时候，他比中国人还了解中国诗人。1984年冬天，顾彬经由北岛介绍，结识了顾城、谢烨夫妇。1987年，受顾彬之邀，顾城、谢烨到明斯特参加诗歌节。1992年3月，他们获得德意志学术交流中心的奖学金，再次来到柏林旅居。顾彬常常领着顾城、谢烨参观柏林的历史遗迹，和他们一道在古纳森林散步，见证了这对传奇诗人夫妇"连体婴儿"式的感情和他们在海外最后的岁月。

他是中国当代诗歌最热心的崇拜者和推介者。从20世纪90年代起，他就带着北岛、杨炼等在世界各地举办朗诵会，"强迫"性格内敛、不擅表演的中国诗人在舞台上展现自己。在中国，他也是各种公开或私密的诗歌朗诵会的座上宾。在他的记忆里，翟永明在看到台下的400名听众后"竟然想拍拍手走人"，哪怕她的诗行"具有别样的诱惑力"；食指是"唯一知道怎么朗诵的人……他知道怎么掌控听众，知道自己要什么"；多多和欧阳江河"还能像以前的诗人一样吟唱"；郑愁予"总是随身带着酒"，"但他不是独饮者，也不是酒鬼，他只是想找个喝酒的伴儿"。

和许多中国诗人一样，顾彬也嗜酒。20世纪80年代，诗人北岛将顾彬带进了白酒的世界，"国民白酒"二锅头至今仍是他的良伴。在山东，他学会了喝酒须兼着喝茶；在喀什，他敢于和柯尔克孜人斗酒。60岁以前，每晚10点以后，他先喝一小杯白酒，再来一瓶啤酒，然后再饮一杯红酒。如今年纪渐长，他更加养生有道："每天早上吃生的大蒜、生的姜、生的辣椒，还喝一两杯二锅头，都是跟北京老头子、老太太学的。"

沉浸式了解中国文化，与学术对象"打成一片"，是顾彬一直以来的工作和生活方式。在五道口的一家老饭馆，他曾和许多当代作家一起吃烤鸭，喝二锅头，谈论文学。他曾言："我不太同意一批无论是德国的还是中国学者的观点：最好不要和作家交往。我觉得如果能的话，应该和作家交往。因为这样作家可能开掘你的眼界和思路，通过和作家们的接触，我经常能了解到全新的东西。"

自称"老顾"，最爱李白

1967年春末，顾彬偶然读到庞德（Ezra Pound）用英文翻译的李白《送孟浩然之广陵》中的两句——"His lone sail blots the far sky, And now I see only the river, the long Kiang, reaching heaven"（孤帆远影碧空尽，唯见长江天际流），从而对中国古典诗歌一见倾心，毅然由基督教神学转入汉学，像一个朝圣者，在汉语言文学葳蕤丰茂的花园里徜徉，苦苦求索。

五十多年过去，李白依然是他的一切、他的神。他说，"我的心在唐朝"，"我宁愿模仿李白的愁。哪里有李白，哪里有愁；哪里有顾彬，哪里有愁"。

愁什么呢？过往的岁月大约最令他怀念。比如，在北京语言学院学汉语时，每个星期顾彬都去卧佛寺，"骑一个小时的自行车去，骑一个小时回来，肚子充满了新的诗歌"。想必在那个青年汉学家眼里，四下里都是"真实的盛开"，都是源头活水。

如今，78岁的顾彬是汕头大学的特聘讲座教授，他给学生们讲21世纪德国当代哲学和21世纪中国当代文学。

他在写给南都记者的邮件里自称"老顾"，坚持用中文回答问题。他的回答很简短，又颇率真，符合他身上的诗人气质。

人物专访

沉浸式了解中国文化，与学术对象「打成一片」 顾彬访谈

给读者看他写的所有押韵体

南都：新诗集《房间里的男人：顾彬诗选》收录了您1963—1985年间的诗，最早的诗作距离现在60年了。它们代表了您的诗歌生涯的早期阶段。如今回看这些"青春诗作"，从一个读者和诗歌研究者的角度，您怎么评价当年的青年诗人顾彬？

顾彬：诗人顾彬是大概16岁开始写诗歌的，但他基本上没有发表，原因是法国诗人马拉美提醒他要等20年再出版他的作品。

其实我等了几十年。2000年我才开始出我的诗集。因为德国文人看到我的翻译后，觉得我应该有自己的诗歌，应该给他们看看。看了后，他们给我安排出版的机会。到目前为止我出了最少20本德语诗集。目前我每年有一本新诗集面世！

我当时主要根据对西班牙现代诗的印象写诗，跟北岛一样，因此北岛的诗歌我都可以自己写！我敢出版我50年前创作的作品跟杨炼有关系，他告诉我一个真正的诗人应该给他的读者看他写的所有押韵体。我50年前写的诗歌在我看来大部分都不错。

南都：诗集的第一辑"房间里的男人"共有81首诗，其中有几个地方让"读者在此写上自己的结论"，为什么这么安排？

顾彬：这本诗集是新的《道德经》！虽然我刚说我在西班牙现代诗的影响下开始写作，但是我也受到了中国古代哲学、唐诗等的启发。

《道德经》有81章，我的"房间里的男人"有81首诗！我的思路不光像老子，也像孟子。我热爱他们两位。

为什么让读者自己考虑、写上结论呢？因为我不想控制读者，读者该自己反思。

南都：诗集的第二辑"临渊之语"有许多诗作都与中国相关，它们记录了您1974—1979年和1985年的中国之行，其中的一些词语和意象非常有时代特点，比如"红旗，红叶/革命无处不在"或者"今天他们活在白衬衣的光里"。在当时的您眼里，中国是一个怎样的国家？它的哪些方面让您觉得既陌生又充满诗意？

顾彬：没有陌生。虽然当时没有今天开放，但老百姓、老师们、国家对我们学中文的外国人非常客气，帮助我们。不论开放或不开放，当时的中国还是有诗意。我只提卧佛寺，我每个星期都在那里写诗。我骑一个小时的自行车去，骑一个小时回来，肚子充满了新的诗歌。

请问，哪一个中国当代诗人能创造比我更多的关于卧佛寺的诗歌呢？欧阳江河、西川、翟永明都不行。

南都：根据您2014年写的序言，您的早期诗歌受到了包括日本俳句、中国唐诗以及翁加雷蒂、庞德等人作品的启发，您迷恋西班牙、意大利和法国现代诗人的作品。您为什么总被来自另一种文化、另一种语言的诗歌所吸引？

顾彬：别忘了，德语国家于1933年前后差不多全部否定了现代文学。1945年后，德语当代作家连跟中国作家比也落后得很。我们不得不再学文学是什么，因此我们的老师、文人，我们学生都向法国等国家看。

南都：您最早读了庞德翻译的李白的诗歌而转向汉学。在您的诗歌里有没有和李白气质特别相近的地方？

顾彬：李白的诗都是我写的。哈哈，我开玩笑。不过，他多

顾彬近照

描述姑娘们的赤脚，诗人王家新敢跟着吗？当然我宁愿模仿李白的愁。哪里有李白，哪里有愁，哪里有顾彬，哪里有愁。

王安石的评论我非常赞同：李白不歌颂酒，他歌颂愁，要不然他歌颂姑娘的美。它们都有密切的关系。聪明的王安石！

南都：能谈谈您的诗歌写作与德语诗歌传统的关系吗？那些优秀的德语诗人，比如中国读者喜爱的荷尔德林、里尔克、保罗·策兰等是否也曾对您产生影响？

顾彬：老实说，西班牙、法国、意大利的现代诗歌与中国古代诗歌是我的理想、我的写作的基础。除了荷尔德林，我基本上都不喜欢1900年前用德文写的诗歌，也包括歌德、海涅在内。策兰我不懂，王家新才懂。不过，我们在1900年前后跟着里尔克慢慢出现一批新诗人，比方说戈特弗里德·贝恩（Gottfried Benn）、格奥尔格·特拉克尔（Georg Trakl）、卡尔·克罗洛夫（Karl Krolow），他们对我的发展非常重要。看他们的诗歌我都吃一惊。

南都：您觉得诗歌是有用的吗？诗歌与时代、与社会之间是怎样的关系？

顾彬：诗歌允许人安静下来。当下人不安的原因在于不看诗！没有好诗的时代、没有押韵的社会无法有希望。

我还会多翻译中国当代诗作，放心！

南都： 我的印象中您将许多的时间献给了中国当代诗歌的研究，这是为什么？

顾彬： 不对。我的心在唐朝，李白是我的一切、我的神。但我也是当代诗人、现代诗人，我向中国现代、当代诗人学习写诗歌。目前我学欧阳江河、西川创作长诗。

南都： 许多中国学者认为，古典诗歌和当代诗歌是两个完全不同的体系，您的看法呢？

顾彬： 庞德说得很清楚——通过中国古代诗歌能复兴我们欧洲诗歌。我的20本诗集都受到了中国古诗的影响，可以说，没有唐诗，就没有诗人顾彬。

南都： 您是与中国当代诗人保持着亲密关系的汉学家之一。能否谈谈您和中国诗人的友谊，以及您和他们在一起时的收获？

顾彬： 文人相轻。无论我说什么，都有人不高兴。我还是北岛他们的好朋友，虽然老批评他们。中国当代男诗人谁都觉得：我是最伟大的。当然他们都是"男"得不得了，可怕死了！女诗人们呢？完全不一样。

比方说翟永明拒绝我再翻译她的作品，要求我翻译其他诗人的作品。我翻译了吗？好多。最近北岛的自传、潇潇的诗、王家新的新诗，都是书。目前我正在准备翻译欧阳江河的作品，还准备出中国当代女诗人的选集，再出杨炼最近的诗歌作品。

人家会问你为什么不翻译我呢？我在翻译。我今年78岁，我还要活到92岁或102岁。我准备好了，每天早上吃生的大蒜、生的姜、生的辣椒，还喝一两杯二锅头——这些都是跟北京老头子、老太太学的。

到时候我还会多翻译中国当代诗人的作品，放心！

南都：从20世纪70年代开始，您就一直在将重要的中国当代诗歌译入德文。您同样也翻译了《鲁迅选集》，还有巴金、茅盾、丁玲等人的小说。您觉得在翻译中，有什么东西被获得，有什么东西会失去？

顾彬：翻译的时候，我们译者不丢什么。相反地，我们得到很多。我们得到的不能发表。顾城住过我在柏林的家，他留下来的东西，我都送给俄克拉荷马大学我个人的档案馆，目前不能发表。这些是非常宝贵的东西，中国都没有。

南都：除北岛以外，还有哪些中国诗人在国际上是受到广泛认可的？您觉得他们成功的原因是什么？

顾彬：谁都是受到承认的。翟永明、王小妮、潇潇、舒婷等，她们有女性的特别是人的声音。她们谈人跟王家新一个样。王家新是谈人的、女人的诗人。

写作中的顾彬

中国古代有哲学，而且并不过时

南都： 能否谈谈您的近况？您现在是汕头大学特聘讲座教授，目前教授什么课程？除上课以外，还在做哪些与中国文学有关的事情？

顾彬： 我目前在德国波恩，刚刚上完汕头大学的网络课。我先讲了21世纪的德国当代哲学，又讲了中国21世纪的当代文学。目前我在波恩大学上新翻译理论的课，课上大部分是中国人，我用德文、中文、英文上课。

除了每天写诗、写自传、翻译中国当代诗人的作品，我还在编辑出版中国古典诗人丛书，12本，都是我一个人编选。

南都： 您曾经说神学和哲学是您的故乡。这两门学问如何影响了您的汉学研究？

顾彬： 我从小学哲学，再学神学。在我儿童时代，这两门学科还是分不开的。现在当然是两回事儿。

我不光从中国美学的角度来看中国。如果从欧洲的角度来看，我可以把中国古代哲学提到世界的哲学的位置。什么意思呢？中国人民大学的刘小枫不承认中国有哲学。我主张有，不过，要帮助它。

什么意思呢？德国20世纪的哲学家都受到了中国古代哲学的影响，特别是海德格尔（Heidegger）、博尔诺（Bollnow）、斯洛特戴克（Sloterdijk）。我从他们的观点出发重新开始思考孔子、庄子、老子、孟子等。因此这些中国古代思想家不是过时的，相反地他们非常现实。

南都：德国是汉学研究的重镇。您此前在讲座里也曾强调德国汉学和美国汉学的不同。您觉得德国的汉学研究有什么特点？

顾彬：美国汉学落后得很，它还是吹牛，因为有中国来的学者帮它的忙，这个不多说。不过，美国汉学落后，美国全学术更落后。原因是市场，他们不翻译外国作品，不感兴趣。我们德国总是翻译外国的东西。

撰文：黄茜　供图：受访者

比尔·波特
Bill Porter

中国古代诗歌能做到英语做不到的事情

比尔·波特访谈

比尔·波特（Bill Porter），笔名赤松（Red Pine），美国当代作家、翻译家、汉学家。1943年生于洛杉矶，1970年进入哥伦比亚大学攻读人类学博士，机缘巧合之下学习中文，从此爱上中国文化；1972年赴中国台湾一所寺庙修行，在那里过起暮鼓晨钟的隐居生活；1991年辗转至香港某广播电台工作，并开始长期在中国大陆旅行，撰写了大量介绍中国风土人情的图书和游记，同时翻译多部佛学经典和诗集。主要著作有《空谷幽兰》（*Road to Heaven: Encounters with Chinese Hermits*，2009）、《禅的行囊》（*Zen Baggage: A Pilgrimage to China*，2010）、《寻人不遇》（*Finding Them Gone: Visiting China's Poets of the Past*，2016）、《江南之旅》（*South of the Yangtze*，2016）等。

大家对比尔·波特最为熟悉的，莫过于他写的关于中国隐者的作品《空谷幽兰》。此书面世并翻译成中文后，受到中国读者热捧，一版再版。他也一跃成为中国的网红，在微博上有几万粉丝。

他有个中国笔名叫"赤松"

比尔还有一个中国笔名"赤松"，并以"赤松"之名翻译出版了《寒山诗集》《石屋山居诗集》和《菩提达摩禅法》等英文著作。

这个名字的由来也比较有意思。1972年，比尔来到中国台湾一所寺庙修行，过起一段暮鼓晨钟的隐居生活。修行所在地的悟明法师给他起了个法号"胜云"。比尔说，在台湾时他开始翻译寒山的诗歌，觉得自己需要一个新的名字，"有一天，我看到一个广告牌，上面写着黑松赤水。我一直喜欢松树，又想到红色才是中国人最喜欢、代表中国的颜色，于是我开始使用赤松这个名字"。

比尔笑道，他后来发现很久以前有一位道教大师也叫赤松，"我一听到这个名字，就觉得这解释了为什么我能够翻译诗歌、佛教和道教文本，这是我从赤松大师那里得到的帮助。所以我从那时起就用这个名字来纪念他。但我只在翻译时用这个名字，当我写作时，我使用自己的名字"。

他还长期在中国大陆旅行，撰写了大量介绍中国风土人情的图书和游记，推出了追溯中国禅宗文化与历史的《禅的行囊》、追寻黄河源头的《黄河之旅》、追溯中华文明史上辉煌篇章的《丝绸之路》、探秘中国西南少数民族风情的《彩云之南》、寻访中国古代诗人遗踪的《寻人不遇》，以及品味中国江南风韵的《江南之旅》，这些书在欧美各国掀起了一股学习中国传统文化的热潮。

写作：在中国用脚步丈量出文字

20世纪80年代最后一个春天，比尔从北京辗转至西安，直奔终南山。只因此前有人告诉他中国大陆已经没有人修行，隐士传统也不复存在，他

比尔·波特相关著作

决定亲自去弄个明白，从此比尔·波特在中国的朝圣之旅便开始了。

那个年代的中国，很多道路未经开发，交通不便，行装简单的比尔·波特经常要徒步行走、攀爬。他在终南山上拜访了30多位隐士，次年，他将在终南山的旅程和与隐士的缘分写成文字——《空谷幽兰》。"自古以来，隐士就那么存在着……在城墙外，在大山里，雪后飘着几缕孤独的炊烟。"他的文字简洁洗练，几近白描，却恰好能呈现出终南山苍翠的面貌和隐士清贫的生活。

《空谷幽兰》出版后，他萌生新的想法。他打算从黄河入海口出发，一路上溯至位于青藏高原的黄河源头，他以此为线索，进行了一次寻找中华文明起源的旅行，也就是之后的《黄河之旅》。

2006年，已年过花甲的比尔·波特再次从北京出发，从五台山、太原、洛阳、合肥……一直到香港，拜访禅宗六位祖师的道场。他将访问地的相关历史背景，与禅宗大师的访谈实录、各代祖师在不同历史时期的游历经历等，和自己的经历结合起来，描述了中国佛教中心多年来发生的各种变化和在世事变迁中保留的宗教遗产，并诉说了他多年来对禅的深深体悟。"在禅宗里，我们不停地问，谁在念佛。我们所想的一切就是，佛号从哪里升起来的。我们不停地问，直到我们发现自己出生以前的本来面目，这就是禅。"比尔·波特在书中如是说。

但对比尔来说最重要的旅程还未开始，那便是寻访36位他所钦佩的中国古代诗人的遗址——此时，比尔·波特已年近七旬，他从孔子的故乡曲阜出发，沿着黄河、长江，到济南（李清照），往西安（白居易），经成都（杜甫、贾岛），赴湖北（孟浩然）、湖南（屈原），一路走到江南，陶醉于陶渊明、谢灵运的山水之中，最后到达浙江天台山诗僧寒山隐居之地。寒山是他最喜欢的隐士，陶渊明是他最喜欢的诗人。

比尔·波特从来没有停下探访中国文明的脚步。旅行一直是他不断写作的源泉，也是他致敬中国文化的方式。

比尔·波特（中间三人左一）在杜甫墓前

译者："翻译是我修行的方式"

比尔·波特在《空谷幽兰》里写道："当我还是个小男孩时，我就很喜欢独处，那并不是因为我不喜欢跟其他人在一起，而是因为我发现独处有如此多的快乐。"他擅长独处，在开始写作生涯之前，比尔曾在中国台湾的一所寺庙里修行，住持给了他一本寒山的诗集，后来它们成了他翻译的第一批汉诗，比尔从此和中国诗歌结下了不解之缘。"中国诗人可以在他们和读者的心中创造一个更大的世界来写作。"在他看来，好诗，是发自诗人内心深处的话语，而翻译让诗人的心和他的心连接在一起。

比尔·波特形容译诗："语言只是窗户，你得透过它，看到它后面的东西。这也就是中国人所讲的意在言外，你得勘破，才能译得准确。"他翻译中国隐士的诗——《寒山诗集》《石屋山居诗集》，他翻译陶渊明、王维、韦应物的诗，翻译是他学习的过程。不仅是诗，比尔还翻译了佛学经典《楞伽经》《菩提达摩禅法》《金刚经》《六祖坛经》，将中国诗人和典籍介绍给欧美读者。

翻译是比尔·波特的修行之道。正如他在《禅的行囊》一书中写道："四年后的一天，父亲在信里说：你是不是该考虑干点有意义的事情了。不久之后，我搬出寺院，开始翻译佛经和中国古诗。三十年后的今天，我仍然没找到比这个更有意义的事情。"

人物专访

关于隐士——我不是隐士，只是喜欢独处

南都： 您为什么对中国文化感兴趣？中国文化和研究中国文化对您来说意味着什么？

比尔·波特： 我对中国文化感兴趣，是因为我觉得中国文化为我提供了各种看待事物的方法，可能对我自己的生活有益，当然，首先是伟大的圣人，如老子和孔子，以及禅宗大师，如慧能。我从来没有以一个学者的姿态来对待中国文化的研究，而是把自己当作一个想把中国文化的元素纳入自己生活的人。

南都： 在关于隐士的纪录片中，您曾提到写《空谷幽兰》是想鼓励美国人修行，中国隐士和美国隐士有什么不同？您怎么看中国的隐士文化？

比尔·波特： 当我在终南山遇到隐士和修行者时，我印象非常深刻的是，这些人在几乎一无所有的情况下遵循精神修行的道路。西方有一些人希望做同样的事情，并且已经开始追随修行者的道路，我写《空谷幽兰》的部分原因是为了鼓励他们，这些几乎一无所有的人都可以做到，为什么条件充裕的人却做不到？

西方也有隐士，但他们是不一样的。西方的隐士是想脱离社会的人。中国的隐士是社会的一部分，但他们会在一段时间内与他人分开生活，以便能够潜心修行，有朝一日可以帮助他人。这是一个可以追溯到五千年前中国文明之初的传统。

南都：确实，在有关隐士的纪录片里面，有个法师提到如今修行的条件比起她刚上山的时候是天壤之别，但如今隐士的道心好像退步了，您怎么看待这个说法？

比尔·波特：隐士之路从来都不是一帆风顺的。当然，成为隐士的人随着时代的变化而变化——正如他们今天的变化一样。20世纪80年代终南山的隐士还没有大学毕业生，但现在甚至可以见到教授或博士。今天的隐士是否缺乏过去那些人的决心或道心，我将留给其他人来评判。我尊重我遇到过的所有隐士，即使是失败者。在唐朝，有一条"终南捷径"，是说一些不受重用的官员隐居终南山以求高名。但他们这样做的事实也表明，隐士传统作为中国社会的一个重要部分而受到了很大的尊崇。

南都：隐士将自己的肉身和生活交给大自然，您如何看待山、自然和修行者的关系？

比尔·波特：大多数的人成为隐士都是因为他们已经在精神道路上修炼到一定程度，为了走得更远，他们需要独处，所以他们进入山中，但不是随便一座山。在中国，有一些山已经成为自我修炼的胜地，终南山就是最有名的例子。但是如果没有其他隐士的帮助，大多数隐士是无法生存的，隐士互相学习如何在山中生活。基本上，他们必须在没有人愿意耕种的土地上成为农民。他们一般都是素食主义者，都不杀生。他们也不砍伐树木，他们在自己的小屋周围都有一定的领地，在那里可以找到空间种植蔬菜，然后从已经死亡或倒下的树木上收集柴火。这是一种艰苦的生活，就像任何农民一样。但他们不需要养活家庭，只需要养活自己。

南都：和这些真正的修行者相比，您是一个勤恳的记录者，旁观他们的修行世界，他们的生活方式对您产生了什么影响？您觉得自己是一个隐士吗？怎么才算一个隐士？

比尔·波特：我从未打算写一本关于隐士的书。只是在我遇到过这种生活的人之后，我才决定我应该告诉别人这种传统仍然存在并且很好，而且这个传统中的一小部分可能是他们想纳入自己的生活的。

人物专访

我不是一个隐士，但我喜欢独处。至少在中国，隐士是将独处作为其精神修行的一部分的人。有些隐士在山中坚持不了一个冬天，有些隐士从未下山。但是大多数隐士在山里待了三到五年，直到他们觉得他们已经学到了需要学习的东西。

阅读中的比尔·波特

关于旅行——在中国旅行是写作灵感来源

南都：不管是《空谷幽兰》《寻人不遇》还是《禅的行囊》，您都选择亲自去体验朝圣之旅，这种用脚丈量、亲自去实践的方式，是您对修行的一个自我定义吗？

比尔·波特：能够在中国旅行，参观所有我敬仰的人曾经生活过或仍在生活的地方，是极大的荣幸。有时我真不敢相信，我正在看到的是孔子也曾经看过的河水。在五千年的历史中，每一英里都有东西，有无尽的故事。我通常带着一个目的去旅行，以了解所有这些故事是如何结合在一起的，无论是禅宗大师还是诗人，或者仅仅是一条河流，如黄河，或一条道路，如丝绸之路。我旅行是为了学习，所以，在中国旅行并把旅途见闻记下来一直是我写作的灵感来源，也是我成为一个更好、更智慧的人实践的重要部分。

南都：辗转中国各个地方，这些地方对您有怎样的意义？不同的地方会有不同的修行方式吗？

比尔·波特：尽管生活在不同的地方，我的精神实践并没有什么变化。我每天都会冥想，并阅读过去圣人写的文章。但就我而言，我的精神修行中最重要的部分是翻译。我翻译的每一本书都成为我的修行，无论是《金刚经》中佛陀的话，还是《坛经》中慧能的话，或是韦应物、柳宗元、陶渊明的诗词。译者有机会与创作作品的人建立非常私人化的关系。我想说，翻译是我这一生所学的最大来源，因此我有了伟大的老师。

南都：走了中国这么多地方，您还有什么遗憾吗？

比尔·波特：我很高兴我在年轻时做了旅行。在20世纪80年代和90年代，中国没有很多铺设好的道路，在一天结束的时候，我并不总是能够洗热水澡。旅行很辛苦，也别提想买一张有预留座位或卧铺的火车票了。现在这一切都改变了，但现在旅行没有那么多乐趣了，因为太轻松了。

人物专访

关于诗歌——最喜欢的古代诗人是陶渊明

南都： 听说您喜欢的古代诗人有寒山、陶渊明、苏东坡、韦应物、柳宗元等，中国的诗歌在您看来有什么特点？您有最喜欢的中国诗人和诗歌吗？

比尔·波特： 我喜欢那些教我一些东西的诗人，关于佛法，关于生活，关于他们的心。这就是为什么我喜欢中国的诗歌——一首好诗是发自诗人内心的话，让他们的心连接到我的心。

我最喜欢的诗人是陶渊明，最喜欢的中国诗是陶渊明《归园田居》中的第一首（即"少无适俗韵，性本爱丘山……"）。喜欢陶渊明不仅仅是因为他的诗歌，而是陶渊明本身，他的生活和他的生活方式。可惜他没有得到更多的酒，不然他的诗可能会更精彩。

南都： 在寻找诗人遗迹的时候，您每次都会用酒祭奠，被媒体称为用威士忌向中国诗人祭奠的外国汉学家。您最喜欢用威士忌祭奠，为什么？

比尔·波特： 当我为我最喜欢的中国诗人扫墓时，我用威士忌来纪念他们，不仅是因为中国人喜欢用酒纪念他们逝去的亲人，而且还因为中国过去的伟大诗人都喜欢喝酒。毫无疑问，这有助于激发他们的诗歌创作。为什么我从美国带来威士忌与他们分享？因为他们从来没有品尝过用玉米或黑麦酿造的酒。我带来的三瓶威士忌在当时每瓶价格约为100美元，同样的威士忌现在已经非常罕见，一瓶价格高达3000美元了。分享如此美酒是我向他们致敬的方式。

南都： 在寻找诗人遗迹的过程中，您很多时候都感慨人迹罕至，很荒凉，您会觉得有所失落吗？

比尔·波特： 当你必须努力去做的时候，一件事就更有意义。努力寻找杂草丛生的贾岛等诗人的坟墓，让我的拜访变得更加值得。这些地方能得到别人的尊重当然很好，但当他们不这样做也没关系。对我来说，在某些情况下，这就像发现了一个丢失的宝藏。

南都：您怎样看待中国的诗词文化？

比尔·波特：中国古代诗歌可以做到我们在英语中做不到的事情，而且只用了很少的篇幅，仅仅五或七个音节就可以说这么多。此外，由于中国的书面语言在过去两千年中几乎没有变化，中国诗人可以在他们和读者的心中创造一个更大的世界来写作。我发现中国诗歌的特别之处在于，一首好诗，它是发自内心的语言，用郑玄对诗歌的定义来说就是：在心为志，发言为诗。

南都：我看您的书，感觉您还是中国的美食家。在中国，您最喜欢的食物是什么？为什么？

比尔·波特：在中国旅行，我最喜欢的部分是发现新的食物，不是餐馆里的高级食物，而是街边摊或夜市上人们卖的食物。我在西安的时间可能比在中国任何其他城市都多，我最喜欢的食物是一种包着豆子的麻食。

比尔·波特（右二）在李白衣冠冢前

关于自我——自认首先是一个翻译家

南都： 在您的人生中，旅行者、隐士、修行者、翻译家、汉学家这些身份都曾出现，您是怎么看待和平衡这些身份的？自己最喜欢哪个身份？

比尔·波特： 我认为自己是一个翻译家。我喜欢翻译，我喜欢翻译的经验。这是我修行和学习的方式。有些时候，我和佛祖一起学习。有些时候，我和陶渊明一起喝葡萄酒。翻译为我提供了一张特殊的VIP卡。我简直不敢相信我是多么幸运。

南都： 您在中国的知名度挺高，在中国的微博上有几万粉丝，您有感受到自己在中国有多受欢迎吗？

比尔·波特： 我在中国有这么多粉丝让我非常惊讶。当然，这是因为我的书被翻译成中文。最初，我是为西方人写的，根据我的个人兴趣和经验，向西方介绍中国文化的各个方面。当得知中国人发现它们很有趣时，我感到很惊讶。自然，我对此感到非常高兴。在我的书被翻译之前，我在美国卖书的收入很少，不得不依靠食品券（由美国政府提供给低收入人群）来养活自己。如果我买酒，也是5美元一瓶的那种。现在我可以买15美元一瓶的酒了。在中国拥有如此多的粉丝让我可以免除债务，并在我的孩子需要钱时帮助他们，所以我要感谢中国读者。

南都： 中国台湾民谣歌手胡德夫是您在台湾20多年的朋友，他对您产生了什么影响？

比尔·波特： 1973年，我在台北认识了胡德夫，从那时起就成了朋友，已经50年了。我在台湾只住了20年（1972—1991），但只要我回到台湾，胡德夫还是会和我聚在一起，这几乎是每年一次。自然，我喜欢听他唱歌。但他不只是在舞台上唱歌，他还会在外面围着火堆唱歌，当时他正在烤他的朋友从山上给他带来的一些动物的肉。如果你听他的歌声，你可以听到他和他的少数民族同伴在台湾所承受的苦难，但也可以听到他们活着时所感受到的快乐。他是一个简单的人，一个有着深刻内心的简单的人，这就是我们成为朋友的原因。

南都：您还想去中国什么地方？未来有什么计划？

比尔·波特：我一直想沿着周穆王的路线从洛阳穿过昆仑山和阿富汗北部到伊朗。我想我可能会遇到西王母，她会给我一个她的桃子。也许我还能找到伊甸园。谁知道呢？唯一能知道的方法就是去旅行。我想知道我应该带什么，我将如何旅行，我已经开始计划了。

撰文：许晓蕾 / 李永萍　供图：受访者

孙康宜
Kang-i Sun Chang

没有其他文化传统比中国更重视才女

孙康宜访谈

孙康宜（Kang-i Sun Chang），美国著名华裔汉学家。原籍天津，1944年生于北京，两岁时随家人迁往台湾，1968年移居美国，1978年获普林斯顿大学文学博士学位。曾任普林斯顿大学葛思德东方图书馆馆长，现为耶鲁大学Malcolm G. Chace' 56 东亚语言文学荣休讲座教授。2015年4月当选美国艺术与科学学院（American Academy of Arts and Sciences）院士。出版多部中英文著作，如《晚唐迄北宋词体演进与词人风格》（*The Evolution of Chinese Tz'u Poetry: From Late T'ang to Northern Sung*，1980）、《情与忠：陈子龙、柳如是诗词因缘》（*The Late Ming Poet Ch'en Tzu-lung: Crises of Love and Loyalism*，1992）、《文学经典的挑战》（2002）、《我看美国精神》（2006）、《亲历耶鲁》（2009）、《走出白色恐怖》（2003）、《古色今香：张充和题字选集》（2010）等。与苏源熙（Haun Saussy）率先主编中国古代女作家诗词及相关评论的大部头英译选集，又与宇文所安（Stephen Owen）领衔主编出版了《剑桥中国文学史》（*The Cambridge History of Chinese Literature*，2010）。

在西方汉学界，孙康宜是一位声誉卓著的华裔学者。她学术兴趣广泛，著作等身，在六朝诗歌、唐宋诗词、晚明文学、妇女文学等领域成就卓异；她具有跨学科的视野和国际眼光，推陈出新，为汉学注入新的活力。2022年，"孙康宜作品系列"（《千年家国何处是：从庾信到陈子龙》《长亭与短亭：词学研究及其他》《独行的缪斯：自传、性别研究及其他》）由广西师范大学出版社出版，这些著作呈现了她的学术成果与人生感悟。

"孙康宜作品系列"书影

在台湾，孙康宜的父亲蒙冤入狱，母亲偕子女避居南部，生活艰苦。童年经历对孙康宜产生了很大影响，历史悲剧后来转化为她的非虚构作品《走出白色恐怖》。她被保送东海大学外文系后，埋头学习英美文学，1965年开始撰写关于麦尔维尔（Herman Melville，1819—1891）小说《白鲸》（*Moby Dick*）的论文。

她早年沉醉于英美文学，未曾料到日后会与中国古典文学结缘。1968年，孙康宜移居美国，她先在新泽西州立罗格斯大学获得图书馆学系的硕士学位，后来在南达科他州立大学读英文系硕士时，一次与世界著名汉学家费正清（John King Fairbank，1907—1991）的会面，重燃了孙康宜对中国文学的兴趣。1973年，孙康宜进入普林斯顿大学东亚研究系攻读博士,在高友工(Yu-kung Kao)、牟复礼(Frederick W. Mote)、浦安迪(Andrew H. Plaks)等汉学家的门下学习,正式开启自己的中国古典文学学术之旅。

20世纪七八十年代,美国高校的女性教授占比极低,作为耶鲁大学历史上首位华裔女性系主任,孙康宜亲历了美国平权运动与女性主义大讨论的浪潮,她的"明清才女研究"正是诞生在这一背景之下。她以理性的眼光看待西方性别理论的普适性,在中国古典文学研究中保留文化内在独有的特质。

她像一个"文学侦探",孜孜不倦地在爬梳史料、追求新知、探寻真实中获得快乐。她热衷于发掘边缘材料,做了许多拾遗补阙的工作,从被世人遗忘的妇女文学,如明清寡妇诗歌、明清女子乱离诗歌中探讨两性之间的互动关系,提出诸多新观点。

2003年,孙康宜受邀主编《剑桥中国文学史》,和哈佛大学宇文所安教授一起,召集十几位欧美汉学家合力写出了一部颇具新意的"文学文化史",撼动学界。她紧密注视着时代脉动,也向记者袒露了自己的担忧:在技术革新、竞争激烈的当下,中国古典文学和华裔学者都面临着新的挑战。

此次采访以视频形式进行,她特意嘱咐记者不用给她看采访提纲,更愿意和记者闲话清谈,其自信从容与亲和力给人留下深刻印象,一如王德威教授对她的那句评价:"丰姿优雅,诚恳谦和,永远给人如沐春风的感觉。"

人物专访

和胡适一样担任过东方图书馆馆长

南都： 您是研究英语文学出身，学位论文写的是《白鲸》，这看似和中国古典文学没有任何联系，您是如何与中国古典文学结缘的？

孙康宜： 我是到了美国以后才产生了研究中国古典文学的愿望。1972年春天，我正在南达科他州立大学念英文系硕士，费正清做演讲，他问我将来想要做什么，我那时候28岁，正好刚读了《史迪威与美国在中国的经验（1911—1945）》这本书，我就说我想成为中国文学专家，想读中国文学Ph.D（博士）。我先生在旁边听到，说"Why not？"受他的鼓励，我来到普林斯顿大学念中国古典文学的博士。

从英美文学到中国古典文学，我始终是一个偏"比较文学"的人，我在普林斯顿大学开启了我的学术主题，即比较文学视野下的中国古典文学研究。我的老师们都很杰出——高友工、牟复礼、浦安迪、雷夫·弗里德曼（Ralph Freedman）、厄尔·迈纳（Earl Miner）等等。

南都： 您毕业后担任过普林斯顿大学葛思德东方图书馆馆长，这是一份令人羡慕的工作，胡适就曾担任过这一职务。请谈谈美国大学的中文典籍收藏情况。

孙康宜： 我在当学生时是系里唯一的中国学生，仿佛整个图书馆都是为我而设的。但毕业后当图书馆馆长太忙了，无暇兼顾学术，所以后来我几乎是"逃"到耶鲁去的。

我对图书馆一直很关心，2010年我捐了8500余册藏书给北京大学图书馆，设立了潜学斋文库。我对中国大陆的藏书还不太了解，我当然相信中国的东西更多。美国的情况是每个地方的收藏各有特点，比如美国国会图书馆、哈佛燕京图书馆，可以说是包罗万象。我有一年在塔夫茨大学教书，经常要引用哈佛燕京图书馆的善本书，而普林斯顿大学图书馆的明代收藏非常棒，可能是中国以外明版典籍数量最多的地方。

20世纪80年代初我刚到耶鲁，惊叹于图书馆之大之美，但找起东西来却很头疼，怎么都找不到我要的书，当时我还挺失望，一直依赖普林斯顿大学图书馆和哈佛燕京图书馆的藏书来做研究。直到后来才发现，耶鲁大学图书馆本身就有非常丰富的中文古籍收藏，只是尚未整理出来而已。

早在1849年，耶鲁大学图书馆就是北美第一个开始收藏中文书籍的大学图书馆；1850年，耶鲁校友梅西（William Allen Macy）亲自从中国带回一批古籍（以道光年间版本为主，例如《增补四书人物聚考》），全赠给了母校；1854年，容闳成为第一位获得北美大学本科学位的中国人，他后来把大批个人藏书捐给耶鲁，包括那部著名的《颜家庙碑集》。此后，范念恩（Addison Van Name）、卫三畏（Samuel Wells Williams）、芮沃寿（Arthur Frederick Wright）、芮玛丽（Mary Clabaugh Wright）等教授也踊跃捐赠了中文藏书。

耶鲁的体系比较特别，其他学校的东亚图书馆是独立的，但耶鲁更注重跨学科，中文书被放在不同学院和机构下面。加上以前耶鲁的东亚图书馆馆长都是日本人，他们对中文不熟悉。后来一个新的中文部主任孟振华到来，他费了很多心血出版了《美国耶鲁大学图书馆中文古籍目录》，我才知道原来耶鲁有很多宝贝。现在，孟振华先生已是耶鲁大学东亚图书馆馆长。

耶鲁图书馆令我印象深刻的是有不少明清小说的不同版本，当然最重要的还是各种手稿，比如大量容闳的东西，让我很惊喜。

开掘出明初文学的"精彩"

南都： 您和宇文所安主编的《剑桥中国文学史》是您学术生涯的一座里程碑。请谈谈这部由北美学者编撰的中国文学史的缘起过程。

孙康宜： 2003年，剑桥大学出版社找到我，请我主编一部中国文学史，那时候宇文所安还没加入。我本来是拒绝的，因为他们只要一册，说这样比较好卖，但是我很害怕，只用一本书讲完中国文学，你说写出来会有多差劲？而且我当时在忙妇女文学的研究，已经很忙了。我自己一个人写还比较容易，这么多作者，总有人会迟交，怎么催也不交你怎么办？我考虑了很多天，最后和他们商量，决定出版上下两册，我和宇文所安一人负责一册。

我和宇文所安早在40年前就认识，我到耶鲁大学就任的教席，正是他离开耶鲁留下的空缺。我们许多想法接近，我们一致认为，要做一套跟别人不一样的中国文学史。

南都：《剑桥中国文学史》有许多创新和突破，比如将1375年这一并不常被提及的年份作为中国文学史的分野，为什么？

孙康宜： 过往的文学史叙述大多是断代史的，比如秦代文学、汉代文学、六朝文学、唐宋文学……但当我们真正深入了解文学史就会发现，文学和政治不一样，不会从六朝到唐代一下子就变了，比如初唐的风格还是和六朝很相似。下卷从1375年，即高启被朱元璋杀头的次年开始的，人们谈起高启，会说他是明朝最伟大的诗人之一，但是按照断代史视角，他算是元朝人，因为明朝刚建立不久他就被朱元璋杀头了，那要怎么归类他呢？

我们还想尽力脱离文类（genres）的分法，不突出个人，不多谈什么杜甫、李白，是真正的"文学文化史"，你可以理解为一个叫"文学"的人的自传。当时，哥伦比亚大学出版社也有一套大部头的《哥伦比亚中国文学史》，以诗歌、散文、小说、戏剧等文体分编，他们请了很多学者，每个人都写得比较短，而这

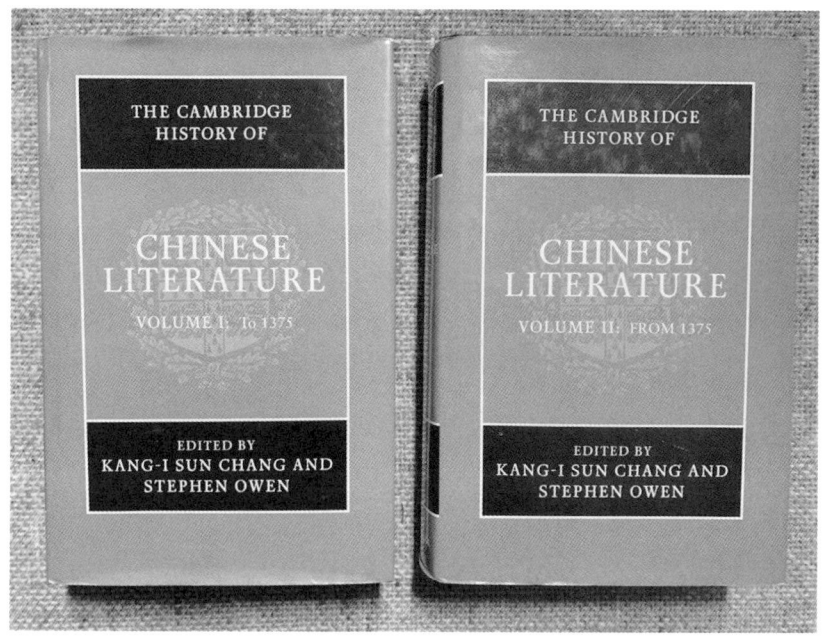

《剑桥中国文学史》（*The Cambridge History of Chinese Literature*）书影

部《剑桥中国文学史》只请了少数学者，每人写的篇幅很长，相当于每个人写了一本书，所以这个人的研究必须非常全面。比如王德威，他写的近代文学那一章非常精彩。

我和宇文所安也担心这样写会不会招来很多批评，最后我们还是这样做了，有点要革新文学史写法的意思。

南都：您曾经提出北美汉学研究的词学自始即以婉约派的研究为重心，相反，中国大陆的词学有重豪放派、轻婉约派的倾向，在您看来，这种趣味的差别是如何产生的？

孙康宜：从数量上来看确实是这样，例如方秀洁的南宋研究、林顺夫的姜夔研究，都是偏婉约派的，叶嘉莹也是，当然，她比较受中国传统学术的影响。我觉得主要还是因为对于美国学者来说豪放派比较难写。

你问的这个问题非常好，你提醒了我从前的一个想法。细读文本后我有一个比较重要的心得，即词的接受史（The reception of literature）。比如苏轼，大家给他贴上豪放派的标签，其实是很不公平的。而且，根据杨栋教授的考古研究，中国出土过很多元朝的瓷枕，上面都有苏轼的词，无一例外都是婉约词，比如《昭君怨》《菩萨蛮》以及关于美丽歌女的词等。苏轼经常在有歌女表演的宴会上，一高兴了就写首词，他不会知道自己的婉约词在元代有那么好的接受度。这个考古发现令我非常好奇，原来杨栋的考古研究与我的细读心得不谋而合，所以我决定用一个学期专门讲苏轼的婉约词。学生们也非常惊奇，他们不知道原来苏轼有这么多的婉约词。

如果说《剑桥中国文学史》还有什么特别的，可能这也是西方研究中国文学的一个特点，那就是我们特别注重文学的接受史，回到物质语境中，去讨论多样的主题，如审查、印刷技术、青楼文化、女性文学、选集的编纂、版本的流传与改写等元素对文学发展的影响。

南都：您在治学过程中做了许多拾遗的工作，比如您关注寡妇诗、乱离诗、遭到现代人贬抑的八股文，尤其是像瞿佑的《剪灯新话》这样的禁书等。您为什么会钟情于"边缘"材料，并对此有这么大的热情？

孙康宜：我应该是一个"文学侦探"（literary detective）吧，我喜欢当侦探。写《剑桥中国文学史》的时候，我把自己最喜欢的时代都让给别人了，最后我写的那一章是没人要写的。我很慌张，老实说我不是明初的专家，《哥伦比亚中国文学史》把15世纪的中国文学史称作"最无聊"的一段。但结果恰恰相反，经过我的挖掘发现，明初文学非常精彩，造成"无聊"的误解还是因为接受史的问题。比如高棅的《唐诗品汇》，虽然是14世纪编的，但一直到16世纪印刷术更发达之后才开始有人留意。

我翻阅明初的一手史料，发掘了非常珍贵的材料，像瞿佑的《剪灯新话》，它是中国历史上最早具有跨国界影响力的小说，从15世纪开始风行于韩国，一路传播到日本和越南。我向我的韩国朋友申正秀教授（他也是我的《六朝诗研究》一书的译者）打听瞿佑，他就在韩国把所有资料，包括《剪灯新话》在韩国最早的版本寄给我。中国学界都以为最早在韩国流传的《剪灯新话》版本是中国嘉靖年间印的，我看了以后发现不对，应该是韩国人印的，因为当时《剪灯新话》在中国市面上已经消失了。

因为瞿佑的《剪灯新话》，我开始对明初文学非常感兴趣。我每次上课讲瞿佑，学生们都很高兴，他们认为瞿佑的东西非常棒。2008年，我到高丽大学演讲，受邀同行的还有日本的大木康（Oki Yasushi）教授。去到那里我发现，韩国的学者们都非常激动，每个人中文都好得不得了。瞿佑对韩国人的影响远远大于对中国人的影响，《剪灯新话》就深深影响了韩国的鬼怪小说。

担心文本细读的功夫丢失

南都：长期以来，中国古典文学的研究一直以男性为主导，而您对明清妇女文学的独特阐释，有力提升了女性在中国古典文学史中的地位。请谈谈您在这方面的研究发现。

孙康宜：20世纪60年代，我阅读了胡文楷的《历代妇女著作考》，当时我吓了一跳，原来有这么多男性付出毕生精力去出版女诗人的作品，这么多女作家的文集是由男性文人编辑或出资印行的，比如陆卿子、王端淑，她们的丈夫不惜牺牲自己的事业去成就她们。

从数量上看，古代中国的女性诗人数量，其他任何文明都难以企及。胡适不仅贬低中国历史上的女诗人，还认为三百年来并无女性作家。但事实相反，单是明清两代，女作家别集与总集竟达3000种以上。王端淑费了25年的时间专心编选了一部收有1000位女诗人作品的选集《名媛诗纬》，其涵盖之广，可谓空前；钟惺在《名媛诗归》里曾把闺秀诗歌的质量作为诗歌的理想模式。

南都： 有别于西方性别研究中的"差异论"和"迫害论"视角，您在明清女性文学这一领域提出的"阴阳互补观"，揭示了中国古代男性文人与女诗人之间存在良好的互助关系。这一洞见对学界有怎样的启发意义？

孙康宜： 确实是这样的，过去西方性别理论认为男权制是一切问题的根源，而女性是男权制的牺牲品，女作家一直被排斥在"经典"之外。与西方这种排斥女性作家的传统相反，中国文人自古以来就流行表彰才女的风尚，才女被称为"女史""彤管""女博士"。可以说，世界上没有一个文化传统比中国更注重女性文才了。

美国汉学家可以说是率先打破女性的受害者形象的。比如，高彦颐（Dorothy Ko）在《闺塾师》中以17世纪的中国江南地区为例，阐述了中国传统女诗人如何建立文学地位。苏珊·曼（Susan Mann）也有类似的看法，她指出，美国汉学研究中有关中国妇女史的研究"已不再是罗列女性受压迫的例子了，而是去探讨两性之间的关系互动以及他们在经济、政治等具体的架构之下所拥有的权力"。

在明代以前，人们认为女人是祸水，类似于西方的"特洛伊的海伦"（Helen of Troy），后来情况有所变化，认为理想的佳人除了美貌还必须有诗才，这种"才女观"到明清时期演变为文人文化的主流。中国也是从明代开始真正理解"阴阳互补观"，女诗人们纷纷企图从太过于女性化的环境中摆脱出来，例如《名媛诗纬》里王端淑就主张女性诗歌要能脱离"脂粉气"才算是好诗。我曾经把这种男女互相认同的特殊现象称为文化上的"男女双性"（cultural androgyny）。

南都： 您的研究成果也提示我们，现成的西方性别理论并不适用于中国文学研究，应着重寻找根植于传统本身的内因。您对美国近二三十年兴起的女性主义讨论有何看法？

孙康宜： 老实说我从来不是一个feminist（女性主义者），我是一个humanist（人文主义者）。我很少去想自己是女性，我就是一个人。获得诺贝尔文学奖的安妮·艾尔诺（Annie Ernaux）的作品我在20世纪90年代就读过了，最令我心动的是《位置》（*La Place*）这本书，但我并没有把它当作一本性别研究的书，我认为它更多体现的是社会阶层问题。

20世纪80年代，我到耶鲁大学任教时，全校有六七百位教授，只有16位终身女教授。很多人觉得学校存在性别歧视和偏见，但我从来不去在意，很多人会把不平等归咎于性别，我更倾向于从制度和系统上思考，这些都使我能回溯到中国古典文学里去寻找相对应的关系。

说到这里，我想起一件往事。1993年，我和魏爱莲（Ellen Widmer）在耶鲁举办了一场"明清妇女与文学"研讨会。第一天就有一名女听众站起来很生气地说："我要控告你，一个女性文学的研讨会你怎么邀请的男性学者比女性学者还多？"老实说，我没有故意去邀请男性学者，我的邀请标准只有学术标准。我告诉她说："这场研讨会结束之后，你会改变你的想法。"后来她对我说："孙教授，你说得对，我改变了想法，这是一次关于性别研究的讨论，不只研究女性，也研究男性。"

南都： 一方面，在明清女诗人的研究中，您主要指出了青楼伎师、闺阁诗人两种典型，但另一方面，底层妇女的创作则极少被研究讨论，像贺双卿这样的"农妇诗人"是否只是一个特例？关于贺双卿其人有无，目前学界的看法是什么？

孙康宜： 其实我非常注意底层妇女，但苦于缺少资料。1993年，我和魏爱莲在耶鲁举办的"明清妇女与文学"研讨会的第一场的主题就是贺双卿，专家们讨论一个很有意思的课题：贺双卿这个人是否存在？

西方汉学家非常关注中文著作的作者问题，并运用历史主义的方法加以检讨。我的朋友罗溥洛（Paul Ropp）的兴趣就在史震林的《西青散记》，他也是1993年那场研讨会的第一个演讲人。罗溥洛告诉我，贺双卿这个人不存在。如果真是这样，那中国文学史就要被改写了，因为所有的文学史都说贺双卿是18世纪中国最有成就的女诗人。1997年，罗溥洛和两位中国学者杜芳琴、张宏生，一起到贺双卿的老家江苏金坛、丹阳一带的乡村进行了为期三个月的寻访之旅，求证贺双卿本人是否真的存在。有趣的是，白人汉学家和中国学者得出了截然相反的结论。回来以后，罗溥洛写了一本书叫《谪仙：寻找中国农妇女词人双卿》，他依旧认为没有证据能证明贺双卿是真实存在的历史人物；而杜芳琴写了一本《痛菊奈何霜——双卿传》，不但认为贺双卿确有其人，还做了详细的作品年表，创作动机、人物生平也写得非常生动。这本书非常受内地读者欢迎，1999年在中国互联网上连载，2001年出版。为什么白人汉学家和中国学者会在作者问题上有如此截然相反的观点，我至今还在思索、疑惑。

贺双卿还让我想到中国文学中众多相似的例子，比如宋代的朱淑真。朱淑真被视为宋代最伟大的女诗人之一，但近年来，西方汉学家如艾朗诺（Ronald Egan）、伊维德（Wilt L. Idema）做了许多"考古"工作，质疑朱淑真的真实性，认为"朱淑真名下的诗作，若非全部，至少大部分都可能为男性所写"。

南都：这样的文学研究风格颇有历史研究的特征。您怎么看？

孙康宜：我说过我是一个"文学侦探"，我和我的朋友宇文所安一样，我们等于是在做历史学的方向。我的另一位好朋友布鲁姆（Harold Bloom）则相反，他最讨厌我和他聊历史，他说："文学就是文学，你想知道的莎士比亚都会告诉你。"但我和宇文所安都很喜欢历史，我们做的研究有点像"文学文化史"，不管是文学还是历史，最终目的都是追寻真实，并无冲突。

南都：您的研究非常注重文本细读，突出文体特征。但在当下，人们可能在解读作品时更急于作出裁决，丢失了文本细读的功夫。细读的方法在当下有什么示范意义或启示？

孙康宜：我非常担心年轻一代学者会逐渐丢失文本细读的功夫，所以我很欣赏布鲁姆的一点是，他对文学有一颗返璞归真的心，他2010年出版的《直到我停止歌唱：最后的诗选集》（*Till I End My Song: A Gathering of Last Poems*）令我十分感动。这

1997年底，罗溥洛刚从女诗人贺双卿的老家金坛、丹阳一带回到美国，第一时间就与孙康宜分享带回来的考证资料

本书收录诗人们生前的最后一首诗，有些人是知道自己快死了，有些人是不知道自己命数将尽，只有布鲁姆这样坚持文本细读、坚持文学纯正性的学者才能写出这样的书。

我经常到他家去做客，他常对我说："糟糕了，我可能很快就要死了，你要记得帮我告诉中国读者我写的这些书。"我反问他："你为什么不到中国去呢？"他说："我哪里有时间？我坐在这里就像一头累坏了的狮子。"

被神话的西方汉学？反思"学术崇洋"

南都：您在学术以外的写作都有"非虚构"的特点，从《走出白色恐怖》《我看美国精神》《耶鲁潜学集》《亲历耶鲁》这些作品可以体现。请谈谈您的散文创作。

孙康宜：我大部分文章都是用英文写的。1993年有一家中文媒体要我写一篇书评，忽然发现，奇怪，我不会用中文写作了，写的都是Broken Chinese（蹩脚中文），我非常紧张。这时，我读到了安妮·艾尔诺的《位置》，对她这种自传性的写作趣味很欣赏，于是我也开始动笔写我自己。我写我所见，写我所感，我的书都有把自己的人生糅合在里面的意思。

从1993年开始，我下决心要用中文写作。在我看来，一切文字都是自传，从来没有"虚构"一说，我也没有当小说家的欲望。为什么不直接面对现实呢？我对于"真实与否"格外注重，这也和我"文学侦探"的一面相关，我没有什么不可告人的东西，我只愿意讲真话。

写作，对我的美国学生们来说是最难的一关。中文想要写得漂亮是很难的，因为中文是一门审美性的语言，如果你没有那个水平，写出来的东西就是很幼稚、难以卒读的；而英文是一门democratic（民主的）的语言，你只要有思想，写出来就是很漂亮的。

学习中文写作的一个方式是多阅读。我最爱阅读的是俄国小说家陀思妥耶夫斯基，以及美国小说家赫尔曼·麦尔维尔、F.斯科特·菲茨杰拉德，法国作家安妮·艾尔诺，等等。虽然阅读英文版对我来说很简单，但是我还是会中英文对照着看，以提升我的中文写作能力，在过程中也会挑挑翻译的毛病。

南都：您曾说，长期以来有些学者对美国汉学似乎有种"仰视"的姿态，好像西人做汉学就一定有"真知灼见"。您怎么看待这种"成见"？目前美国汉学界又有哪些新的变化？

孙康宜：我批评过以前对于西方汉学的"神化"。近年来中国学者创造了新的见解，做了很多杰出的工作。我的意思就是学术不要崇洋，如今情况已经在发生改变。

当下我对美国的中国古典文学研究这一块有点担心，因为越来越少美国人来读了。我最近才发现，四五十年前，像宇文所安这样的大才子来读中国古典文学是一件多么不容易的事情。如今我许多好学生都去念了法学院、医学院，或者变成银行家。好几位美国学生对我说:"孙教授,我真的好想读汉学,但是请你能保证我毕业后能当上教授,能找得到工作。"问题是太难了,教授职位少之又少,例如,20世纪70年代我刚毕业时,有五年都没有一个空位,常常一百个人面试竞争一个位置。过去汉学在美国学术界是比较边缘的,但现在完全不会了,我很高兴看到中国变得强大之后,更多人开始钻研中国文化。但总的来说,中国研究的教授职位还是很少,回顾我的学术生涯,我至今仍在感谢上苍。

撰文:朱蓉婷　供图:受访者

金文京
Kin Bunkyo

以「训读」为经纬，透析东亚「汉字文化圈」

金文京访谈

金文京（Kin Bunkyo），在日韩籍学者，1952年生于日本东京，1979年京都大学大学院中国语学文学专业博士课程毕业。曾任日本京都大学人文科学研究所教授兼所长，现任日本中国学会理事长。研究方向为中国古典戏曲、小说，近年来也关心东亚汉字文化圈交流史。主要著作有《花关索传研究》（《花関索伝の研究》，1989）、《中国小说选》（《中國小説選》，1989）、《三国志演义的世界》（《三国志演義の世界》，1993）、《三国志的世界》（《三国志の世界》，2005）等。合编《邯郸梦记校注》（2004）、《三国志演义古版汇集》（2010）。凭借《汉文与东亚世界》（《漢文と東アジア——訓読の文化圏》，2010）获得2011年角川财团学艺赏。

汉字是中国的文字，也曾是东亚地区共同的文字。古代中国邻近的民族、国家、地域，如日本、朝鲜半岛（朝鲜和韩国）、越南等，受到中国文化影响，曾借用汉字，阅读汉语典籍，用汉字书写交流。能写汉诗，甚至是成为知识分子的重要条件。时至今日，中国游客走在日本或韩国街头，还能看见汉字书写的店招。

若将语言文字作为文化的载体和根本，曾经作为文明之光的汉字在东亚各国经历了怎样的传播、接受与流变？承担了怎样的历史功用？而在这共同的光照下，又生长出怎样复杂多元、国与国之间既密不可分又有深刻差异的东亚世界？

2022年10月，在日韩籍学者金文京撰著的《汉文与东亚世界》由上海三联书店出版。该书日文原版于2010年推出，是岩波新书①之一，斩获第9回角川财团学艺赏。这是中国内地引进的第一本介绍汉文训读的学术普及著作，面世后即受到海内外学者的广泛瞩目。

正如明治大学教授、评论家鹿岛茂（Kashima Shigeru）所言："跨越国界和领域，因为有语言和知识的界限，不是谁都能做到的。金文京先生的《汉文与东亚世界》轻松实现了这一跨越，提出了惊人的假说，堪称比较文化学的典范。"

日文版《汉文与东亚世界》书影　　中文版《汉文与东亚世界》书影

① 所谓"新书"，是指新近刊行的学术出版物。"岩波新书"是日本新书的开创者和领军者，它在学术与纪实方面尤为见长。1938年，岩波茂雄将Dugald Christie（杜格尔德·克里斯蒂）回忆录《奉天三十年》翻译出版，从此开启了"岩波新书"的历史。

"训读"之下的东亚文化塑造

早在1963年，日本学者河野六郎（Kōno Rokurō，1912—1998）[①]就首倡"汉字文化圈"的概念，其所包含的国家和地区有中国、朝鲜半岛（韩国、朝鲜）、日本和越南。另外，契丹人（辽朝）、女真人（金朝）、党项人（西夏）、回鹘人等也用过汉字。金文京在《汉文与东亚世界》中沿用了"汉字文化圈"的提法，但也表示，"东亚各国虽然历史上曾共享过以汉字为代表的同一文化，却没有统一的宗教或世界观的共识，所以其内涵是多样的，甚至是分裂的"。

在《汉文与东亚世界》中，金文京以"训读"为经纬，描绘了汉字文化圈的概貌。何为"训读"？"训读"就是用本民族的语言来读汉语。"中国近邻民族的语言跟中国的汉语语系不同，为近邻民族学习汉语带来了极大困难，加以古代交通不便，人际交流少，且汉字是表意文字，抛开字音仍可理解内容，再加上中国的文言文本来跟口头语言有较大差距，这些都促使近邻民族尤其是朝鲜和日本很早就放弃了汉语口头语言的学习，而试图利用自己的母语系统来阅读、书写汉文。"

例如"山"这个汉字，汉语普通话的发音是"shan"，而"山"日语叫"やま"（yama），将"山"字直接念作"yama"，就是日文的训读。假设一个美国人学汉字，将"山"念作"mountain"，就是英文的训读。甚至，假设一个广东人把普通话里的"什么"两个字念作粤语的"乜嘢"（mat je），也算一种训读。

因此，同样是汉字写的书，比如《论语》，日韩读者的发音、读法，都跟中国人不一样，不同的声音给大脑赋予的印象也大相径庭。也正由于这个原因，汉文无法成为一种用以沟通的口头语言，来自汉字文化圈的各国人若要交流，只能使用书面文字。

金文京在书里提到一种有趣的现象。在古代东亚，尽管语言不同，中国、日本列岛、朝鲜半岛、越南等地的商贾使节，一言不发，仅凭一纸一笔，亦可通过汉文"笔谈"，传情达意，默契于心。

"其实，双方语言不同，所写的汉文，彼此读法又完全不同，只能

[①] 河野六郎，日本语言学家，主要研究方向为朝鲜语、中国音韵学、文字学、语言类型学。

眼到，无法口到、耳到，却可以心到，这岂不是天下奇景？这种笔谈的交流方式在别的文化圈是无法想象的特殊现象。"金文京说。

可另一方面，东亚世界看似在历史上共享过以汉字为基础的相似文化，实则在精神禀赋上各有千秋，异大于同。比如，"用日语作为汉字读音的训读是日本长期以来把外来的汉字驯化为本国文字的表征"。金文京认为，东亚各国在运用训读学习汉语的过程中，"认清了汉语和本国语言之间的差别"，逐步建立起各自的语言观、历史观和世界观，由此才形成了如今参差百态、多元共生的面貌。

重视版本的中国古典文学学者

金文京出生于1952年，是国际知名学者，广受中国同行敬重。他是韩国人，但在日本出生、生活，同时又专攻中国古典文学。独特的跨文化背景为其学术研究带来了独一无二的渊博视野。《汉文与东亚世界》一书由金文京亲自从日语翻译成汉语，译笔言简意赅、素朴晓畅，显示出作者深厚的汉文功底。

中山大学黄仕忠教授在《金文京先生小纪》一文里写道："金文京长我数岁，韩国人，太太是台湾人。他出生、成长在日本。身高一米八十又五，貌似威严，即之也温，常常很严肃地表达他的幽默。他用中文主持会议的能力，置身中国学者中，也不遑多让。每一次与他相见，都让我对他多一分了解，也多一分敬意。"

金文京在《三国演义》的版本研究方面建树卓著。日本保存有大量的中国古典小说的不同版本，为金文京的治学提供了"地利之便"。他对1967年在上海近郊嘉定县明代官员墓葬中发现的《花关索传》尤为感兴趣，亲自做过田野调查，认为"《三国演义》各个版本之间最大的不同就在于关索（花关索）故事之有无，过去很多学者对此纳闷，由于《花关索传》之发现可谓真相大白了"。他将《花关索传》看作完整的英雄史诗，"可以跟欧洲的英雄史诗媲美"，坦言："中国学者不太重视此一作品，我觉得很遗憾。"

明刊本汤宾尹本《三国志传》在《三国演义》版本演化中占有重要

地位，其研究价值不可忽视。2005年，发现于安徽黄山的明刊本汤宾尹本《三国志传》两册在中国嘉德秋季拍卖会上流拍。金文京得知此消息后，和大东文化大学的中川谕，金泽大学的上田望，关西大学的井上泰山、二阶堂善弘，龙骨大学的竹内真彦以及首都师范大学的周文业教授共同斥资将这部珍贵的文物买下。由于文物无法出境，中川谕先生还亲自来北京将文物翻拍成数字版带回日本。两年后，金文京借来京参加学术研讨会之机，主动提出将此书无偿捐赠给中国国家图书馆。谈及这次慷慨之举，他似乎觉得理所当然，只是淡淡说道："物归其主是最理想的。"而周文业则在回忆文章《金文京先生》里感慨道："我想日本学者在中国买了古籍，主动捐献给中国图书馆，恐怕到今日也没有第二例吧。"

爱读金庸和张爱玲

从大学进入中文系算起，金文京学习汉语已有50年了。汉语早已成为他生活的一部分。相反的，作为母语的韩语，他却谦称只有"日常会话"的程度。

他喜爱阅读金庸，翻译过《射雕英雄传》；还喜爱阅读张爱玲的作品，并且爱屋及乌，读了胡兰成的《今生今世》。后来机缘巧合，认识了胡兰成生前的秘书，并以此为线索，采访了许多与胡兰成的生命有交集的人，比如胡兰成在日本的保镖、他追求过的女性等，挖掘出不少秘辛与轶事。这项工作不出意外引来诸多艳羡与关注，连黄仕忠教授都将金文京称作"当今研究胡兰成的三个不能绕过的人士之一"。

如今，年届古稀的金文京已从日本鹤见大学退休，过上了"享清福"的日子。他依然在研究自己喜爱的古典戏曲和小说，活跃的身影还时时出现在各种研讨会上。他以"笔谈"的方式接受了南都记者的采访，措辞凝练而严谨，体现出学者的风度。

人物专访

卷入"东亚文化交流"的风潮

南都： 2010年，您的著作《汉文与东亚世界》由岩波书店出版，并于翌年获得角川财团学艺赏。此前您的研究主要聚焦于中国古典小说和说唱戏曲，是什么缘由让您起意写一本关于汉文与"汉字文化圈"的书？

金文京： 中国改革开放以后，我经常去中国开会，发现很多学者关心东亚文化交流问题，也有人劝我做这一方面的研究，这样不知不觉中被卷入了这个风潮中。东亚文化交流关系并不是我的本行，所知有限。另外，我研究中国白话文学，白话文跟日本汉文训读、东亚变体汉文不无相通之处，也是个原因吧。

南都： 汉字传到东亚世界，保留着形和义，但发音因为训读的缘故而产生了改变。您在书里也说到，其实在日、韩等地流传的汉语是书面汉语，也就是"哑默"的汉语。渐渐地，尤其是在日本，汉语被当地语言所"驯化"。而在韩国、越南，汉语则不再作为日常语言被使用。所以，在东亚世界，汉语对日本的影响是否最为深远？因为汉字的缘故，东亚世界的文化体现出哪些同根同源的相似之处？

金文京： 这里恐怕有误会。汉字的发音在东亚各国各不相同，跟训读是两回事。越南、朝鲜、日本音读的汉字音已经跟中国发音差得远，无法互相听懂，因此也不是"哑默"的汉语。他们都用本民族的发音来读，只是各国人互相交谈时不免用笔谈，就是"哑默"。也因此，汉语被当地语言所"驯化"也是共同的现象，只是"驯化"的情况不同。

直至目前，越南语、韩语很多词汇还是来自汉语的，只是发音不同，不用汉字写而已。汉语对日本的影响也不能说最为深远，只是目前除中国以外，用汉字较多的国家只有日本。东亚世界的文化同根同源的相似之处，以汉字来说，字形差不多一样，读法不同，用汉字写的文言文差不多一样，不过此外各国还有不同文体，都不一样。

南都：《汉文与东亚世界》提到了李舜臣①（Yi Sun-shin，1545—1598）与夏目漱石②（Natsume Sōseki，1867—1916）写的汉诗，并称"在过去的东亚世界，能写汉诗是做知识分子的重要条件之一"。可否介绍日本、朝鲜等地汉诗的创作规模和成绩？汉语诗歌在哪些方面影响了东亚国家的文学创作？

金文京：中国的文言文、旧体诗是过去东亚各国知识分子不可或缺的教养，因此有很大的共性。不过此为各国文化的一部分而已，因为能写文言文、旧体诗的人即使在中国也只限上层阶级的极少数，规模相对小。日本、朝鲜文人的成绩当初不如中国，可是学了一千多年，后来最好的可以跟中国文人差不多。汉语诗歌对日本的和歌、俳句，朝鲜的时调，越南的喃字诗，无论具体题材、修辞还是理论方面都有深远的影响，不过这些究竟是本国固有文学，使用本国文字，不能等同于中国的诗文。

南都：此次出版的汉语版《汉文与东亚世界》是您自己用中文"重写"的，这让中国读者十分惊讶且佩服。您的汉语写作为何能如此流利、纯熟？您在日常生活中使用汉语吗？平时会阅读哪些类型的汉语图书？

---

① 李舜臣，朝鲜海军名将、抗日民族英雄，其遗著辑成《李忠武公全集》。
② 夏目漱石，日本明治时代小说家，代表作有《我是猫》《哥儿》等。

金文京： 我在日常生活中不用汉语，跟中国人交流时才用汉语。我自从念大学中文系以来，学汉语已达50年，教汉语也几十年了，平时读的也主要是中国的书，有古典的也有现代的。这样不能说汉语，不能写中文才怪呢。这没什么了不起，中国外文系的老师也都如此。

南都： 您精通中日韩三国语言，因此《汉文与东亚世界》这本书才能如此高屋建瓴地洞悉汉字在东亚世界的历史及功用。您是韩国籍，生活在日本，在中国有广泛密切的学术往来，您也曾经在访谈中谈到过构建东亚比较文学和比较文化的可能性，这种跨国身份和生活方式、文化视野，对您的学术研究和治学理念有哪些助益？

金文京： 我虽然会说三国语言，但是韩语只能说日常会话，谈不上精通。我作为韩国人，生在日本，长在日本，研究中国文学，这些对我的研究如有助益的话，大概是能够拥有旁观者清的观点吧。因为我虽然是韩国人，但住在外国等于没有祖国。不过，这也是很多侨民共有的观点。

在日本研究中国小说版本有地利之便

南都： 谈谈您的求学经历和师承，您是怎么走上中国文学研究的学术道路的？有哪些老师对您产生过重要的影响？

金文京： 我是在日本出生的韩国人，从小关心母国的历史、文化，可是在我小时候，日本没有小孩子可以阅读的这一方面的书，只有有关中国历史、文化的书。因此，阅读这些书，就对中国发生兴趣，也很喜欢看《三国演义》。后来念大学就选了庆应大学中文系，毕业后再读京都大学中文系研究所（博士课程毕业，没有得到学位）。对我影响最大的是京都大学已故教授吉川

讲座中的金文京

幸次郎①（Yoshikawa Kōjirō，1904—1980）先生。我念高中的时候，刚好吉川先师的全集开始出版，我一本一本地买来拜读，感觉他所说的中国跟我那以前所想的中国不太一样，其中先师博士论文《元杂剧研究》对我影响最大，因为这是之前我完全不知道的，因此，后来我也研究元曲。我直接的导师是京都大学已故教授田中谦二（Tanaka Kenji，1912—2002）先生。他除了研究元曲，还精通《朱子语类》《元典章》等早期白话文献，对我影响很大。

南都： 您在《三国演义》的版本研究和历史研究方面卓有建树，出版了《三国演义的世界》《三国志的世界》等重要专著。对于《三国演义》这样的古典小说而言，版本研究的重要性在哪里？另外，在日本进行中国古典小说的版本研究有何便利或者不便之处？

金文京：《三国演义》等古典小说的版本研究很重要，因为虽然是同一作品，但每个版本之间的内容、文字都有所不同，研究版本之

---

① 吉川幸次郎，被日本学界誉为"汉学泰斗"，1969年"儒莲奖"（Prix Stanislas Julien）得主。

间的异同及其系统演变过程，是小说研究的关键问题。而这些小说版本保存在海外的反而比中国的还要多，原因是过去中国人不太重视这些当时被认为不登大雅之堂的书，外国人则视之为中国的宝物，加以珍藏。其中日本保存得最多，可以说如果没有日本保存的版本，无法研究中国小说史，也不为过。因此，在日本研究中国小说版本可以说是能够得到地利之便。

南都：您还专门撰写过关于《花关索传》的学术论文（尚未译为中文出版），您认为《花关索传》为《三国演义》的研读带来了哪些新的启示？

金文京：《花关索传》是1967年上海近郊嘉定县明代官员墓葬（我去过那个地方，也采访过发现的人）中发现的，之前没有人知道有这个书，也没有任何相关记载。而《三国演义》各个版本之间最大的不同就在于关索（花关索）故事之有无，过去很多学者对此纳闷，随着《花关索传》之发现可谓真相大白了。另外，《花关索传》是完整的英雄史诗，这一点也很重要。中国白话文学革命时期，胡适、周作人等都指出，和西方文学相比，没有长篇英雄史诗是中国文学的一大特征。中国少数民族也几乎都

《三国演义的世界》书影　　《三国志的世界——后汉三国时代》书影

有长篇英雄史诗,汉族却没有,这是一大疑问。现在有了《花关索传》,可以跟欧洲的英雄史诗媲美,弥足珍贵。中国学者不太重视此一作品,我觉得很遗憾。

南都: 您自己是否会收藏中国古典小说的不同版本?2005年,您动员几位中日学者一起买下了在安徽黄山发现的明刊本汤宾尹本《三国志传》两册,后来又为什么将这个珍贵的版本无偿捐赠给了中国国家图书馆?

金文京: 我也收藏有一些小说版本,都是清代的,算不上善本。当时我们买了汤宾尹本《三国志传》,是由于首都师范大学周文业教授的介绍,周教授和我长年合作,一起研究小说版本,这20年来每年开相关研讨会。我建议募款买这本书的原因:第一,这本书在版本研究上有很大价值;第二,当时中国没人买。至于捐赠给国图的原因,是我想中国的书最好由中国的公共机构来收藏(不管是哪一国,都一样),物归其主是最理想的。我在日本一直努力让日本收藏的韩国文物回归本国。

南都: 您经常参加中国的各项学术会议和学术交流活动,您认为中日两国学界在中国古典文学领域的研究方法上有哪些不同?各自可以汲取对方哪些优点?

金文京: 日本和中国之间有很长的文化交流史,因此日本收藏有大量的中国文物,包括书籍。且我们现在做学问研究,方法论或概念上都受到西方影响,而日本引进西方文化比中国有一日之长,研究起来可以说占了地利天时,得天独厚。至于两国研究方法上的不同,过去的中国由于种种历史条件,太重视思想之余,往往忽略了实证,难免顾此失彼。相对而言,日本学界一贯重视实证。不过自从改革开放以后,中国已无此毛病,且发现的新资料也很多,应该说目前两国之间没有什么不同,可以互相交流,共同推进相关研究。

南都： 据说，中国的四大名著在日本研究得较多的是《三国演义》《水浒传》和《西游记》，研究得最少的是《红楼梦》，这和中国正好相反，在中国，《红楼梦》研究已经成为一门显学。您认为这是什么原因造成的？《红楼梦》在普通的日本读者那里是否受到欢迎？

金文京：《三国演义》《水浒传》《西游记》在日本前近代的江户时代已有很多版本收藏（这就是前面我说没有日本资料无法研究小说史的原因），也有翻译。《红楼梦》则既无收藏也无翻译，原因有二：第一，一般来说，中国对日本的影响，以明以前为主，清以后则较少；第二，《红楼梦》的语言是北京话，日本人阅读有困难。《金瓶梅》虽然收藏很多，却没有翻译，只有翻案（改编），理由也是语言不易懂。

喜欢吃粤菜，听广府话，看广东大戏

南都： 您是否到访过广州？您对广州这座城市及广州人有哪些印象？

金文京： 广州我去过三次，最早是20世纪90年代。虽然时间都短暂，去过的地方很少，但我很喜欢广州，喜欢吃粤菜，听广府话，看广东大戏。

南都： 您曾在庆应义塾大学、京都大学和鹤见大学执教，在漫长的教学生涯里，您觉得自己取得的最大的成就是什么？

金文京： 我任教的三所大学，环境都很好，能够坚持自己的研究生活，跟很多同仁、学生以文会友，是最大的收获吧。

南都： 2019年，您从鹤见大学退休。请谈谈如今您的退休生活，是否仍旧在从事喜爱的中国古典小说及戏曲的研究？有哪些新的著述出版？

金文京： 退休后，一竿风月，两袖清风，生活清闲，是晚年的清福。我依旧继续研究自己本行的古典戏曲、小说。只是除了这次的《汉文与东亚世界》之外没什么新的出版，不过偶尔写论文，也参加线上研讨会，发表己见。

撰文：黄茜　供图：受访者

伊维德
Wilt L. Idema

让中国俗文学在西方汉学界"〇位"出道
——伊维德访谈

伊维德（Wilt L.Idema），荷兰知名汉学家，荷兰皇家艺术与科学院院士、哈佛大学东亚语言与文学系荣休教授。1970—1999年任教于荷兰莱顿大学，历任中国语言与文学教授、人文学院院长等；2000—2014年任教于哈佛大学，历任东亚语言与文学系中国文学教授、费正清东亚研究中心主任、东亚语言与文学系主任。主要从事中国早期白话小说、中国戏曲、说唱文学和宝卷等领域的研究，曾获"中华图书特殊贡献奖"、荷兰"国家翻译奖"。有著作四十多部，包括《孟姜女哭倒长城的十种版本》（*Meng Jiangnü Brings Down the Great Wall: Ten Versions of a Chinese Legend*，2008）、《包公与法律的角色：1250年至1450年间的八篇民间故事》（*Judge Bao and the Rule of Law: Eight Ballad-Stories from the Period 1250—1450*，2010）等。此外，还与奚如谷合著《中国戏剧资料（1100—1450）》（*Chinese Theater, 1100—1450: a Source Book*，1982），与方秀洁共同编有《美国哈佛大学哈佛燕京图书馆藏明清妇女著述汇刊》等。

自1968年大学毕业后，伊维德在汉学研究领域耕耘了半个多世纪。2000年前，他在荷兰莱顿大学任教；2000—2013年，他在美国哈佛大学东亚语言与文学系任教，可谓是从欧洲汉学和北美汉学两种学术体系下成长起来的学者。伊维德不但学术成果丰硕，而且是将中国古代通俗文学作品译为英文最多的西方学者，被认为在西方汉学界确立了中国古代通俗文学的地位。

《大唐狄公案》让他倾心中国文化

伊维德在接受南都记者采访时表示，最早让他对中国文学产生浓厚兴趣的是美国女作家、诺贝尔文学奖得主赛珍珠的小说《群芳亭》（*Pavilion of Women*）和荷兰著名汉学家高罗佩的小说《大唐狄公案》。高罗佩是荷兰职业外交官，尽管仕途一帆风顺，但流芳后世的却是他作为业余汉学家的成就。荷兰人对中国的了解，在一定程度上也应归功于他对中国文化的传播。他的侦探小说《大唐狄公案》成功地塑造了"中国的福尔摩斯"，并被译成多种外文出版，在20世纪六七十年代的西方风靡一时。"快读完高中的时候我决心要学习一种语言、钻研一种文化。这种语言和文化不但跟我的母语和文化差异越大越好，而且要有悠久的历史，还得充满活力。就这样我选择了中文。"

伊维德在莱顿大学读书期间迷上了明清白话小说，博士毕业论文就选了早期话本的版本研究作为题目。然而，让他在国际汉学界声誉日隆的中国古代戏剧研究却源自他在日本留学时期，"京都大学人文科学研究所的田中谦二（Tanaka Kenji，1912—2002）教授为我和其他一些外国学生组织了元剧阅读课，这使我第一次涉足中国戏曲的研究"。

伊维德用英文翻译的《西厢记》《窦娥冤》《汉宫秋》《倩女离魂》等元代戏剧，被欧美学界视为中国古代戏剧研究最重要的参考文献；同时，伊维德还参与编撰了《哥伦比亚中国文学史》《剑桥中国文学史》等。此外，伊维德在女性文学研究领域也颇有建树，他在哈佛大学时一直教授有关中国妇女文学的课程，曾于2004年与管佩达（Beata Grant）教授合编了《彤管：中华帝国时期的妇女文学》（*The Red*

Brush: Writing Women of Imperial China，2004），并与方秀洁（Grace Fong）于2009年合编了《美国哈佛大学哈佛燕京图书馆藏明清妇女著述汇刊》。

钟爱俗文学，尤看重版本

伊维德挚爱中国文化，尤其钟爱中国通俗文学，对中国民间文学和说唱文学有着独到的见解。他研究的领域也十分宽泛，有些说唱文学文献甚至是国人鲜有听闻的，譬如宝卷。他出版了《自我救赎与孝道：观音及其侍者的宝卷》（*Personal Salvation and Filial Piety: Two Precious Scroll Narratives of Guanyin and Her Acolytes*，2007）。"我对宝卷的兴趣，不在于它是明清新兴宗教或教派的圣典，而在于它对许多民间故事的说唱演绎，包括宗教故事，例如孝子目连的传说、妙善公主的传说。"他幽默地说，"宝卷对译者的巨大吸引力之一在于它们篇幅有限：我可以在几个月内就完成《雷峰宝卷》的翻译并找到出版

《自我救赎与孝道：观音及其侍者的宝卷》（*Personal Salvation and Filial Piety: Two Precious Scroll Narratives of Guanyin and Her Acolytes*）书影

《甘肃河西〈平天仙姑宝卷〉及其他宝卷五种》（*The Immortal Maiden Equal to Heaven and Other Precious Scrolls from Western Gansu*）书影

商，而翻译《义妖传》则要花上很多年，而且出版的机会也很小，因为太长了！当然，我希望我对宗教传说类宝卷的翻译也能在讲授中国宗教的课堂上发挥作用。"

  治学过程中，伊维德尤其看重版本学的意义。他认为，对传统戏剧作品版本的研究，不能仅限于文字的考证校订，也不能局限于作家思想与艺术特色的研究，要看到版本演变背后深层的社会政治、经济、文化等诸多因素的影响。"许多学者倾向于把这些差异看成'大同小异'，但我跟别人不一样的地方就在于我着迷于这些'小异'。当我们把戏剧改编也考虑进来，这些差异就变得更加迷人了。不过有一个区别：在戏剧方面，我感兴趣的是同一出戏的不同版本之间的差异，而在说唱文学方面，我感兴趣的则是同一故事题材的不同改编之间的差异，当然这并不是说我没比较过有关同一主题的不同剧本。"

让中国俗文学在西方汉学界『C位』出道　伊维德访谈

人物专访

"传统"的中国戏曲也一直在变化

南都：您和奚如谷教授合写的《中国戏剧资料（1100—1450）》，主要论述了元代戏曲，您如何看待这本书的作用和价值？

伊维德：传统中国是一个持续变化的社会。"传统"并不意味着一味稳定，而是一个不断变化的过程。中国戏剧亦是如此。你不能先验地假设19世纪的演出条件和13世纪的大致相同。因此，要想知道元曲是怎么演出的，你就得研究元代剧场的情况：我们对男女演员了解多少，对观众了解多少，对演出场地又了解多少。搜集了相关资料，你就会发现元代以及明初跟明后期有很大的不同，而16、17世纪又跟18、19世纪有很大的不同。所以，我仍然认为，对于学习中国早期戏剧的、想了解更多早期演出传统的西方学生来说，《中国戏剧资料（1100—1450）》是一本非常有用的书。

在准备该书材料时，我们收入了几出与演员相关的戏。这些剧目恰好反映了元杂剧出版的不同阶段。学者们当然一直都清楚，明版元杂剧被大幅改编过，因此不能借助在晚明时期被改编过、充当明代文人读物的元杂剧版本来研究元代戏曲，把它们当成对元代社会、文化的忠实反映。20世纪80年代以来，我和奚如谷一直努力把元代和明初不同时期的版本介绍给西方的读者，并不止一次将同一个剧本的不同版本翻译出来，就是为了强调这些版本之间的差异。

南都： 您是将中国古代通俗文学作品译为英文最多的西方学者，您参与或独自翻译出版的系列著作中，《西厢记》以最早的明弘治十一年刻本为底本，还翻译出版了《孟姜女哭倒长城的十种版本》《化蝶：梁山伯与祝英台传说的四种版本及相关文献》《木兰从军》等。您是如何想到翻译这些民间传说或剧本的？您似乎对版本特别看重，为什么？

伊维德： 中国的传统白话小说是为读者创作的。它可能会采用"讲故事的方式"，使得受过良好教育的作者可以自由运用日常的口述语言，但这并不意味着这些作品直接取自专业作者理想化的"台词本"（promptbooks）。五四运动时期的知识分子将白话文学与通俗文学画上了等号，因为他们需要一种中国的通俗文化传统来捍卫自己的文学纲领（literary program），但他们选作"通俗文学"的作品其实几百年来一直属于文人们热衷阅读、创作的小说和戏剧文类，而不是他们所处时代的通俗文学。只有少数几个五四运动时期的知识分子真正对20世纪上半叶通俗文学的鲜活传统感兴趣。然而，当郑振铎的《中国俗文学史》出版时，中国文学史的主流叙事就已经确立，它没有为多数中国传统韵文和说唱文学留下多少空间，比如宝卷、弹词、鼓词等，更不用说闽南话和粤语等方言的韵文叙事传统了。而在这些韵文和说唱文学的书面传统之外，还有无穷无尽的形态，抑或说口头文学！

在受邀为《剑桥中国文学史》撰稿时，我很欣慰自己有机会撰写关于说唱文学和韵文叙事的那一章。然而，当我在哈佛大学想给本科生讲这个题目时，由于要提前准备好相关译文，我才发现只有很少的明清说唱文学作品被译成英文。因此，我开始为以英语为母语的读者翻译这方面的材料。开始做之后，其文类和主题的多样性以及对每一个故事的多种处理手法，让我产生了极大的兴趣：不是只有一个孟姜女的故事，而是有几十个孟姜女的故事，甚至可能有几百个！其他著名的传说也是如此，比如《白蛇传》或《梁山伯与祝英台》。每种文类都有自己的故事版本，取决于创作的时间和地点、作者的才华、文类的要求以及每种文类的特定受众。许多学者倾向于把这些差异看成"大同小异",但我跟别人不一样的地方就在于我着迷于这些"小异"。当我们把戏剧改编也考虑进来,这些差异就变得更加迷人了。戏剧要求有一个大团圆的结局,因此在许多地方说唱文学作品中,梁山伯和祝英台的"悲剧"并没有以化蝶为结尾,而是以这种或那种方式让二人还阳,所以"呆子"梁山伯能变成有男子气概的英雄,而敢于冲破枷锁的祝英台则能表现出她的妇德。

不过有一个区别:在戏剧方面,我感兴趣的是同一出戏的不同版本之间的差异,而在说唱文学方面,我感兴趣的则是同一故事题材的不同改编之间的差异,当然这并不是说我没比较过有关同一主题的不同剧本。

注重研究和翻译中国古代女性诗歌

南都: 您对中国女性文学研究颇有关注,除了与管佩达教授合作《彤管:中华帝国时期的妇女文学》,还与方秀洁共同编有《美国哈佛大学哈佛燕京图书馆藏明清妇女著述汇刊》。请结合著作谈谈您对女性文学研究的看法。

伊维德: 中国古典文学有着悠久而伟大的传统,但大多是少数精英男人为其他少数精英男人所写的文学,写的也是精英男人的活动。因此,尽管文学作品的规模很大、质量很高,但在历史上的任何时期,反映的都只是极少数中国人的情感和愿望。如果我们对社会中其他群体的情感和愿望也感兴趣,那么女性当然应该是首先加以考虑的群体。在20世纪最后几十年的文学理论中出现过许多种"主义",我认为女性主义是其中影响最大、最持久的一种。假如我更早些移居美国,并且在那里展开我的学术生涯,那么我很可能不敢涉足中国前现代女性文学领域。因为,在北美,20世纪90年代以来,这个领域已经吸引了许多非常有能力的女性学者。而在荷兰,研究中国前现代文学的专家其实很少，所以我觉得自己可以用荷兰语写一本关于中国女作家生活的书，配上大量她们创作的诗歌和散文的译文。这本书的最后一章专门讲述了秋瑾这个人物，她的悲剧命运也赋予本书书名：《断头的女性主义者》（*De onthoofde feministe*）。当我来到哈佛以后，有人建议我把它译成英文出版。因为想让本书覆盖内容更完整，我联系了管佩达教授，因为她是佛教女诗人研究的权威。我们合作的成果就是《彤管》。后来，在美国，我还出版了《满族女性诗歌两百年》，从19位作者的创作中挑选了丰富的作品，并附有每位作者现存传记资料的完整译文。我也被选为《美国哈佛大学哈佛燕京图书馆藏明清妇女著述汇刊》的编者，并且执笔关于英文世界对中国女作家的学术研究概况。但编选工作应首先归功于方秀洁，因为她为"麦吉尔—哈佛明清女性写作数据库"做了卓有成效的组织工作，她在中国女性文学研究方面发挥了重要的开创性作用，也为该书的出版奠定了基础。

我很喜欢研究和翻译女性诗歌。它们很少因为炫学而面目模糊，而许多同时代男性诗人的作品却因之受损。而且她们的部分作品讲出了一些男性作家很少触及的两性生活的侧面。

南都：您目前正在着手进行什么研究项目？近期是否有新的出版计划？

伊维德：对动物故事的兴趣贯穿了我的整个职业生涯。例如，我因此翻译了一本书，书中收入了对老鼠在阴曹地府里控告猫这一故事的各种改编。另一本书则有关中国文学里的各种昆虫形象。文末一篇是一出短剧，讲的是虱子在阴曹地府里控告跳蚤和臭虫。我跟一位专门研究韩国文学的同事合作，出版了一本《金牛王子》传说的译文集。这个传说不仅在中国有着悠久的历史，而且还流传到了韩国，中文、韩文的版本都有。最近我则一直在翻译蒲松龄的《聊斋俚曲》。我关注的不是那些改变《聊斋志异》故事的、很可能创作于蒲松龄晚年的作品，而是他早期的那些俚曲。我翻译的蒲松龄《快曲》（讲赤壁之战后张飞将逃跑的曹操刺死的故事）将在香港《译丛》杂志发表。目前，我在做

《彤管：中华帝国时期的妇女文学》书影

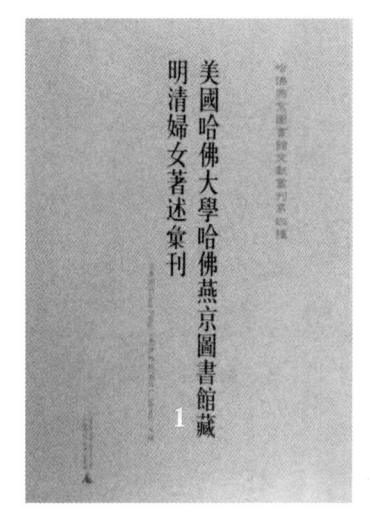

《美国哈佛大学哈佛燕京图书馆藏明清妇女著述汇刊》书影

《增补幸云曲》（讲明武宗朱厚照与一名大同妓女之间的爱情故事）英译本的定稿工作，计划明年问世。

"中国文学研究中所谓'西方方法'的问题被夸大了"

南都：您的研究领域涉及诗歌、话本、戏曲、小说、说唱文学、女性文学等，在您看来，海外学者进行的中国古代文学研究与中国学者的研究在主题、视角、方法论等方面有哪些不同之处？您如何看待用西方理论来研究中国文学？

伊维德：在中国研究和讲授中国文学，跟在外国研究中国文学，本质上就不同。在任何国家，对自己国家的文学进行研究和教学，或多或少都是国家建构的一部分。中国也不例外，这种情况既有优势（例如有充足的教学和研究经费），又有劣势（例如政府的关注或干

《海内外中国戏剧史家自选集：伊维德卷》书影

预）。通过学习，学生为自己的文化遗产感到自豪，这就很难避免对自己国家的作者评价过高甚至夸大其词的倾向。可是，在中国以外，中国文学只是众多其他文学中的一种，须要去竞争以获得他国读者的注意力。无论过去还是现在，中国与世界上大部分地方都存在一定的文化差异，研究中国文学的外国学者，就必须在比较的语境中，解释中国文学在哪些方面与其他文学不同，在哪些方面又是相似的。

比方说，在中国，文学尤其是诗歌，被认为是作者情感的真诚表达，而在西方，文学首先被视为虚构。再如，启发中国文学的是儒家和佛教哲学，而启发欧洲文学的则是基督教哲学，但这二者往往是冲突的。所有这些鸿沟是可以跨越的，但这需要批评家、译者和读者都付出巨大的努力。而即便这些鸿沟被跨越了，也还存在对许多外国读者来说中文名字过于相似和难以发音的问题。用中文学习中国文学、教中国文学是一回事，在国外学中国文学和教中国文学又是另一回事了。

我个人认为，中国文学研究中所谓"西方方法"的问题，是被夸大了。我们的研究有很多方面都是非常相似的。但是，要向外国观众介绍中国作品却不考虑外国的特定背景，这是行不通的。从外部审视自己民族的文学作品，可能会很有启发性，让人意识到那些非常有趣却长期以来都被忽视的问题。出于这个理由，我认为，从一开始就把某种方法视为无用而排斥，是没有道理的。要知道布丁是什么味道，就得先尝一尝。作为一名外国学者，每次我的文章被翻译成中文，我都感到很荣幸。所以，当中山大学戏曲研究团队的康保成教授找到我，提议将我之前已经以中文发表过的文章重新结集，收入他主编的《海内外中国戏剧史家自选集》丛书出版时，我就更感觉备受荣宠了。

多次来穗在中山大学访问研学

南都： 看来您跟中山大学戏曲研究团队的渊源颇深，可以谈谈您跟这一团队成员譬如创立者王季思先生等人的交往吗？

伊维德： 任何一位研究中国的外国学者，无论从事哪个题目的研究，首先会做的就是参考中国同行的著作。拜数字技术所赐，这

伊维德在中山大学

方面是比以前容易多了，只要大学能出钱订阅提供中国出版物访问权限的数据库就行了。没有人能忽视中国学者对中国文学的研究。不过，这并不意味着我们的研究会是中国同行研究的翻版：我们提出的问题可能会有所不同，而且在发布研究成果时，我们面对的受众的需求也不同。但优秀的汉学著作一定会对其使用的中国研究成果予以充分的尊重。假如和中国同行研究的是同一批材料，那么我们当然也会想与中国同行见见面，了解他们在做什么，又是怎么做的。我还清晰地记得20世纪80年代初，我跟中国同行的初次会面，以及首次应邀出席的中国学术会议。

我对广州的第一印象可以追溯到1978年、1979年，那时我充当导游短期造访过这座城市。1980年，我第一次访问中山大学，在那之前，我去了北京，为北京大学和莱顿大学之间的学术合作做筹备工作。那时，我已经对《西厢记》产生了浓厚的兴趣，原本希望能借机见到王季思教授。但是，北京大学外事处和中山大学外事处之间的沟通出了点问题。当我在广州下了火车，本以为会有中山大学的人来接我，但没有。等了一阵子无果后，我向警方求助。我在火车站派出所待了一个小时左右，他们中的一位联

2017年，伊维德在中山大学参加"纪念王季思、董每戡诞辰110周年暨传统戏曲的历史、现状与未来"学术研讨会

系了学校，终于有人来接我了。由于另有活动，王季思教授当时没有见到我，但他把他刚出版的一些书签了名寄给了我。至今，我一直珍藏着这些书。2017年，我去中山大学参加"纪念王季思、董每戡诞辰110周年暨传统戏曲的历史、现状与未来"学术研讨会时，正值毕业季，所有即将毕业的学生都身着礼服，在拍毕业照，真是一景啊。

撰文：周佩文　翻译：刘铮　审校：陈熙　供图：受访者

柯雷
Maghiel van Crevel

真正理解中国当代诗歌，必须走入民间

柯雷访谈

柯雷（Maghiel van Crevel），荷兰汉学家。1963年生于荷兰鹿特丹，1996年获荷兰莱顿大学中国语言文学博士学位。曾任悉尼大学中文系讲师，现为莱顿大学中国语言文学系教授，曾任莱顿大学中文系主任、莱顿大学区域研究所所长。2022年5月成为荷兰皇家艺术与科学院院士。主要研究方向为中国当代诗歌、文化社会学等，用荷兰语、英语发表过大量翻译作品。出版有专著《粉碎的语言：中国当代诗歌与多多》（*Language Shattered: Contemporary Chinese poetry and Duoduo*，1996）、《精神与金钱时代的中国诗歌：从1980年代到21世纪初》（*Chinese Poetry in Times of Mind, Mayhem and Money*，2008）等。

"我几年没去中国了。我在荷兰基本上没有什么机会说中文，所以早就'生锈'了。"柯雷通过微信语音说。所谓"生锈"不过是自谦，他的一口京片儿依然讲得字正腔圆。

柯雷是目前海外研究中国当代诗歌的顶级专家，中国当代诗坛几乎无人不晓其大名。他是个蛮精彩的人物，光头、耳钉、文身、T恤衫，妥妥的荷兰文青打扮；又酷爱音乐，精通乐器，据说曾是北京三里屯一带出色的萨克斯手；同时人情练达，交游广阔，北岛、西川、于坚、韩东、王家新、翟永明、周瓒、郑小琼……自20世纪90年代开始的走南闯北的诗歌田野考察，让几代中国诗人成了他的"老朋友"。

在中国，把汉语说到"天花乱坠"

14岁那年，一位汉学家到柯雷家中拜访。当柯雷询问访客学习汉语是否困难时，后者巧妙地回答："不难，中国的孩子也学汉语。"

父亲给了柯雷一本H. R.威廉姆逊编写的《汉语普通话》（自修系列），当时正着迷于外语学习的柯雷被方块字的形态吸引，但不久便觉晦涩难懂，把书搁回书架。

真正开始学习汉语是大学期间。1982年，他进入莱顿大学中文系，接受严谨的学术训练。"语言学习占据了近一半时间，另一半则用来学习中国历史、哲学、文学和艺术，以及探索社会科学层面的现代中国研究。我们被迫努力读书。"

1986年，柯雷申请到交换项目，得以于1986年、1987年间在北京大学学习汉语。落地首都国际机场，有人在行李转盘前挡住他的去路，他张口结舌，所能说的不过是："嘿！"然而，沉浸在中文的语言环境中，加上此前打下的扎实读写基础，不到几个星期，柯雷就发现自己已能把中文说得"天花乱坠"，还是一口地道的京片儿。

也正是1986年，他和中国诗人马高明一起翻译编辑了《荷兰现代诗选》。这本诗选于1988年正式出版，成为风靡一时的畅销读物。这本书也让柯雷在中国意外成名。多年以后，在讲座和各种会议上，他还能不断碰到陌生人询问："你就是《荷兰现代诗选》那个柯雷吗？"

《荷兰现代诗选》书影

目击中国当代诗歌三十年

在柯雷的眼里，中国当代诗坛是"狂野的"。"我的意思是它处于一种令人惊讶的'正在发生'的，也能说是很'折腾'的状态：那么多的项目在推进，那么多的刊物在出版，那么多的争论爆发在诗人和评论家之间。"它就像一项庞大的"工业"，刺激着柯雷探索的热诚。

从北京回到荷兰，他先是受鹿特丹诗歌节主席马丁·莫伊（Martin Mooij）的邀请担任诗歌节翻译，随后又持续翻译了北岛、多多、顾城、杨炼、宋琳、翟永明、王家新等人的作品，大部分刊发在荷兰的文学刊物上，也有一些以单行本行世。他还与莱顿大学的另一位著名汉学家、他的老师汉乐逸共同翻译出版了《苍茫时刻：中国当代诗选》。

1996年，柯雷完成了以中国诗人多多和中国当代诗坛为论述对象的博士论文，三年后，年仅36岁的他成为继伊维德之后莱顿大学中文系第六任教授。作为正教授，36岁算是相当年轻。他的第一部英文专著《粉碎的语言：中国当代诗歌与多多》在博士论文的基础上完成。此后，他又出版了《精神与金钱时代的中国诗歌：从1980年代到21世纪初》，该书由柯雷的博士研究生张晓红译为中文，2016年出版时，在中文学界引起极大反响。

在场，是理解柯雷学术研究的关键词。他保存了大概20次中国之行

《粉碎的语言：中国当代诗歌与多多》书影

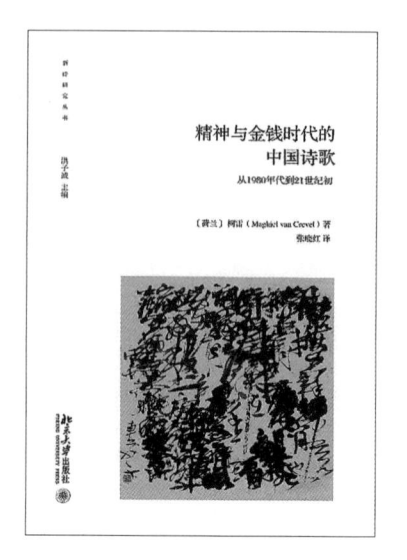

《精神与金钱时代的中国诗歌：从1980年代到21世纪初》书影

的田野笔记，累积时间达40个月之久。在此过程中，他发现了一个生气勃勃的民间诗坛，对于中国当代诗歌既有"出乎其外"的冷静判断，又有"入乎其内"的共情与共振。

2016—2017年，柯雷到北京师范大学担任访问学者。在此期间，他走访中国的18座城市和乡村，为研究项目搜集素材。这一年的经历，耳闻目睹的鲜活细节，鼎沸喧嚷的声音与形象，被他以断章的形式写成《走走江湖：中国诗歌现场快照》（*Walk On The Wild Side: Snapshots of the Chinese Poetry Scene*）一文，成为他迄今为止最受欢迎的作品。

最近几年，柯雷对中国的"打工诗歌"投入前所未有的关注。在他眼里，打工诗歌无论从写作规模还是"社会可见度"来讲，几乎为中国独有。他的研究也超越了诗歌本身，涉及更为复杂的文艺与人生、社会经验与审美经验之关系等话题。他在许多文章里谈到郑小琼、谢湘南、王十月等打工诗人的"其人其事/诗"，却也感慨："只有很少很少的作家能通过写作改变命运。"

民间诗刊数字化惠及海内外学者

也是得益于"在场"者的洞见和中国诗友的襄助，柯雷自1991年起就对20世纪70年代以后的中国民间诗歌刊物进行"抢救性收藏"，并最终将自己的珍藏捐赠给荷兰莱顿大学图书馆。2019年12月，"荷兰莱顿大学图书馆中国当代民间诗刊特藏数字化项目"正式上线。《今天》（1978）、《他们》（1985）、《非非》（1986）、《翼》（1998）、《偏移》（1995）、《现代诗内部交流资料》（1985）等珍罕的民刊创刊号，以数字形式呈现在世人眼前。2022年5月，该项目再次上线50余种民间诗刊的电子版本，其中一些刊物时间跨度达几十年之久。

如今，曾在20世纪八九十年代的中国诗坛发挥巨大作用，却随着时间流逝逐渐散佚的民间诗刊，在荷兰莱顿大学图书馆网站上再次焕发出生机，向人们揭开诗歌史的"传奇"面目。全世界的学者都可以便利地使用这些资料，不得不说这是柯雷的一项泽被后世的事业。

柯雷把自己的研究称为"文学人类学"，透过文学活动对人及其生存境遇的洞察，是他学术工作的旨归。2022年5月，柯雷成为荷兰皇家艺术与科学院院士。他说："我想在重新让科学变得人性化这方面作出一点自己的贡献，正如我向来所致力的那样。"

人物专访

先对诗歌感兴趣，然后对中国感兴趣

南都： 您还记得当时在北京大学学习期间上课的情形吗？

柯雷： 我在北大，除了对外汉语课程外，还上了中文系的一些课，主要是旁听，没有参加考试。当时用中文写作的方式参加中文系的考试对我来说是不可能的。我在当时还没有这个水平。阅读的速度也是个问题。1994年，我在《诗探索》上写了一篇小文章，叫《瘸子跑马拉松》，说的是外国人学汉语的问题，其中就提到阅读的速度很低。

对我个人来讲，我是先对诗歌感兴趣，然后才对中国感兴趣。我十二三岁的时候就对诗歌感兴趣了，根本想不到未来还会学中文。而我在开始学中文和中国文化的时候，好像很自然地就"飘"到了当代诗歌的领域。因为当代诗歌，无论是中文的、荷文的、英文的、法文的，我一直都很喜爱。

南都： 您从什么时候开始将中国当代诗歌翻译为荷兰语，并发表在荷兰的文学刊物上的？它们在荷兰受读者欢迎吗？

柯雷： 我开始翻译中国当代诗歌是在20世纪80年代后期，那以后我翻译了许多诗人的作品，包括朦胧诗人以及更年轻一代的诗人，比如北岛、芒克、食指、顾城、杨炼、王家新、西川、于坚、海子、翟永明、琼柳、韩东、宋琳、童蔚、车前子、伊沙、肖开愚、孙文波、颜峻、墓草、沈浩波、尹丽川、郑小琼、许立志等。他们的作品在荷兰确实受欢迎，因为荷兰读者对当代中国诗歌不太了解，所以很感兴趣。对于当时的朦胧诗人是如此，对于后来出现的各个潮流也是如此，近几年外国读者对于中国的打工诗歌很感兴趣。

南都：在荷兰还有其他翻译家或者学者和您一样致力于译介中国当代诗歌吗？

柯雷：我想目前荷兰最为活跃的译者应该是马苏菲（Silvia Marijnissen）。她也是莱顿大学博士，博士论文写的是关于长诗（组诗）的问题，写得很好。她现在长住法国，但一直特别活跃，一直继续翻译当代中文诗歌（不限于中国大陆），也从事古代诗歌翻译，前不久跟另外两位荷兰汉学家合作完成了翻译《红楼梦》的巨大工作，书中的诗歌主要由马苏菲来翻译。另外，我的两位博士导师汉乐逸和伊维德都翻译了不少诗歌（伊维德主要翻译古诗），此外还有丹·布朗霍斯特（Daan Bronkhorst）、麦约翰（Jan De Meyer）、万伊歌（Iege Vanwalle）、施露（Annelous Stiggelbout）等。事实上，有不少荷兰译者在翻译中国诗歌，但马苏菲应该是目前最活跃、产量最丰的一位。

在荷兰，还是有不少人知道几首中国当代诗歌的名字的。除了我本人和马苏菲以外，还有几位汉学家偶尔翻译诗歌。近二十年，我偶尔还会翻译，但是数量太少。这是因为写文章得花时间，翻译就不太有时间了。

南都：中国诗人及中国当代诗歌在海外的声誉有赖于汉学家的译介。据我所知，除了北岛，西川具有相当高的国际知名度。您觉得他成功的原因是什么？

柯雷：西川是一个伟大的诗人，他具有神奇的想象力，同时，他的诗歌非常有音乐性。当然，还有不同的译者一直在翻译介绍他的诗歌作品。我翻译了他的一些作品。柯夏志（Lucas Klein）也翻译了他的很多诗作，他对西川具有浓厚的兴趣。

但别忘了另一些中国当代诗人也同样蜚声海外，于坚是立刻跳入我脑袋里的一个名字。此外还有翟永明，年轻一些的诗人如尹丽川、蓝蓝、杨健、郑小琼等。真的，除了那几个老家伙，还有许多中国当代诗人都在国际上很知名。

"沉浸"在田野调查中

南都：您于1996年获得莱顿大学博士学位，莱顿大学中文系的汉乐逸和伊维德都是您的论文指导老师。您觉得自己在学术方面受到了他们的哪些启发和影响？

柯雷：是的，汉乐逸和伊维德是我的老师。我想，和我自己相比，他们两位都是非常传统的汉学家，"传统"在此一定是褒义的说法。我从他们那里学到了很多东西。他们两人显然都意识到了诗歌在中国文化传统中的重要性。因此，我们无须把当代和遥远的古代割裂开来。举例来讲，有人说近几十年出现的"打工诗歌"和《诗经》的传统发生了直接的关联，也不是没有道理，这种意见指出了一个文化中的连续性。

这两位老师都给我留下了宝贵的汉学研究遗产。作为汉学家，我远远比不上两位老师。这不是客气话，你去看两位的著作就能明白这一点。再者，和汉乐逸比起来，伊维德可以说是研究范围最广、学术工作最深刻的汉学家。汉乐逸在汉学研究以外，自己也是一位诗人。他最早是美国人，但很年轻的时候搬到荷兰，变成了荷兰诗人。他有好几本用荷兰语写的诗集。

所以，伊维德是一位古典的汉学家，享有盛誉。汉乐逸也是一位古典的汉学家，但他更加专注于现代诗歌以及他自己的诗歌写作。

我想，我和他们之间的最大的区别在于，我更加感兴趣于民族志方面的工作。但他们毫无疑问对我产生了重要影响。他们对学术写作质量的高度重视也让我受益匪浅。

南都： 这是您自己独创的诗歌研究方法吗，将文本细读和民族志的方法相结合？现在中国学界对当代诗歌的研究还是偏文本内部研究，您个人的兴趣是否更倾向外部研究？

柯雷： 是的，使用民族志学的田野调查方法，将文本研究和语境研究相结合，的确是我自己探索出来的方法论。当然，也有其他学者在做类似的工作。事实上，有一个未被广泛使用的概念叫作"文学人类学"（Literary Anthropology）。但我想，这确实是我在学术研究工作中作出的一个原创性的贡献。

有关文学内部研究与外部研究，是非常古老的问题，事实上这是个哲学问题。从我个人的角度，我认为只专注于文本研究是完全行得通的。只不过，这不是我的志趣所在。我认为，文学是社会的组成部分，尤其在中国，诗人的身份一直具有不容置疑的重要性。我非常感兴趣于诗歌写作、诗歌阅读以及与诗歌有关的一切和社会生活的关系。

南都： 您提到了您在中国做了许多田野调查，是中国很多诗歌现场的"参与者"。许多学者都喜欢跟研究对象保持一定距离，您这种"沉浸式"的研究方式有哪些利与弊？

柯雷： 我想你可以看看在人类学领域关于类似问题的论争。在学术界，我们需要保持一种"批判性距离"。而人类学，以及人类学中的民族志学的方法却对"批判性距离"提出了疑问。因为假如你将自己"沉浸"在田野调查当中，你多半会冒着丧失"批判性距离"的风险，无法立足于恰当的距离之外去打量你的研究对象。

当然，与此相伴的是民族志学中使用的"参与性观察"（participant observation）。所以，好处就在于你和你的调查对象拉近了距离，你获得了各种不为人知的信息，你也可能发现一些未经公开刊布的信息。这是一种完全不同的研究文学的方法。从我获得的对我的研究的反馈来看，上述信息对许多读者充满了吸引力。2017年出版的英文文章《走走江湖：中国诗歌现场快照》或许是我最受欢迎的作品。我在2019年写的一些文章也拥有很多读者，比如以"打工诗歌"、北京皮村的工友之家为主题的几篇文章。

"打工诗歌"是中国独有的

南都： 从您的第一本英文专著《粉碎的语言：中国当代诗歌与多多》，到《精神与金钱时代的中国诗歌：从1980年代到21世纪初》，再到《走走江湖：中国诗歌现场快照》，您对中国当代诗的关注点发生了哪些变化？

柯雷：《粉碎的语言：中国当代诗歌与多多》显然并不只是关于多多本人。如果你仔细看，从我的第一部著作到最近的研究，它们之间实际上存在着明显的延续性。因为早在准备博士论文的时候，我就开始了田野调查，而我的博士论文后来结集为专著《粉碎的语言：中国当代诗歌与多多》出版，在这本书的第一部分，实际上写的是中国诗坛的历史，并非多多的个案研究。这是因为，在学术研究之初我就意识到，要真正理解中国当代诗歌，你必须走入民间。当代中国的民间诗坛非常非常重要。

南都：《走走江湖：中国诗歌现场快照》主要收录了您2016—2017年在北京师范大学担任访问学者期间的田野调查笔记和随想断章，像是对中国诗坛的一次现场报道。为什么您认为中国当代诗坛是"狂野的"（wild）？

柯雷： 如果我说中国诗坛是"狂野的"，我的意思是它处于一种令人惊讶的"正在发生"的，也能说是很"折腾"的状态：那么多的项目在推进，那么多的刊物在出版，那么多的争论爆发在诗人和评论家之间。有那么多层出不穷的事件，你知道，所有这些研讨会、诗歌聚会和诗人微信群——它真的是一项"工业"，正如我的一个朋友描述的那样。

南都： "打工诗歌"是您近几年的研究重点。关于打工诗人的纪录片《我的诗篇》在2016年左右上映，曾经在国内外掀起一股热潮。您是从那时候开始关注"打工诗歌"的吗？

柯雷： 不，早在这个纪录片上映之前我已经关注到了打工诗人的现象。我大概是在2014年左右开始认真做这方面的研究。稍微早一些，可能2011年左右，西方学界就开始有这方面的诗歌译本和小的评论文章出现。首先英译打工诗歌的人可能是美国学者Jonathan Stalling，他的中文名字叫石江山……说起来，这个名字好厉害！

南都： 您认为"打工诗歌"为什么出现在中国？西方有类似的诗歌现象吗？

柯雷： 打工诗歌在某种程度上可以说是很"中国"的一个现象。这和我之前谈及的诗歌在中国文化传统中的重要性有关。同样，有许多学者认为在中国文学传统中，"打工诗歌"和《诗经》有着直接的关联，因为二者都使用诗歌这种文体去凸显老百姓的生存之忧。当然，在世界的其他地方也有外出务工者写的诗歌，但无论诗歌写作的规模还是其"社会可见度"，都无法与中国的"打工诗歌"相提并论。我想，在中国的这种类型的写作是非常特别的，甚至可说是独有的。

南都： 您采访过郑小琼吗？您认为她的诗歌里最珍贵的东西是什么？

柯雷： 是的，我采访过郑小琼，在许多不同的平台上写过关于她作为诗人的来历或曰"其人其事/诗"。我第一次采访她是在2017年。我非常喜欢她的诗歌、访谈和散文。

我想，她的作品里最特别的地方在于，她作为一个"打工妹"，拥有在东莞许多工厂流水线上工作的一手经验。但与此同时，她又拥有我们之前谈到的那种"批判性距离"。她是这个场景的参与者，同时她又是它的记述者，她将主体经验和一种强大而惊人的客观分析能力结合在一起。能将此种个人经验写入诗歌是很不寻常的，在这个意义上，有些学者将她比作一位"自命的人类学家"（self-appointed anthropologist）。

南都： 在《走走江湖：中国诗歌现场快照》里您也提到了郑小琼、余秀华等人的成功。一方面当代诗非常的小众，另一方面，非专业写作者却能通过写诗而改变自己的命运，应该怎么理解这种现象？

柯雷：只有很少很少的作家能通过写作改变命运。郑小琼、余秀华、王十月、谢湘南、郭金牛貌似不错，但是这样的例子很少。大部分所谓的打工诗人基本上完全无法通过写作让生活得到改善。他们确实有这个希望，但是很少能实现这个梦想。

民间诗刊数字资料库发挥作用

南都：1991年左右，您开始搜集中国的民间诗歌资料，后来将它们捐赠给了莱顿大学图书馆。这些资料已作为"荷兰莱顿大学图书馆中国当代民间诗刊特藏数字化项目"正式对外开放。这些资料是通过什么途径搜集而来的？您认为这个数字化项目未来将起到什么作用？

柯雷：中国的民间诗刊起了一个非常重要的作用。无论大学的图书馆（比如复旦大学、南京大学、四川大学的图书馆）还是普通图书馆（比如国家图书馆），大概在四五年前才开始系统搜集民间诗刊的资料。

我的田野调查和搜集工作早在20世纪90年代初就开始了，很多诗坛上的诗人和编辑都算是老朋友。这个项目是莱顿大学和复旦大学合作的项目，但是如果没有诗人和民间诗刊编辑的支持，我们是根本做不下来的。这一点必须得强调。我们现在已经开始发现，尤其是海外的学者，包括博士生、硕士生等，有很多已经开始使用这个数据库。

民间诗刊是"传说中的"资料，有了"荷兰莱顿大学图书馆中国当代民间诗刊特藏数字化项目"，海外学者与学生都能看到这些资料，做自己的学术研究。

南都：莱顿大学是欧洲汉学研究的重镇。在一所欧洲大学里设立中文系，非常难得。莱顿大学中文系的学生会受到怎样的学术训练？

柯雷： 我很高兴听到你对莱顿大学的肯定。但欧洲的大学设立中文系却并不罕见。仅仅在德国，就有20多所大学设有中文系，更别说在英国、瑞典、丹麦、挪威、芬兰、奥地利、比利时、法国、意大利、波兰、捷克等国家。所以，莱顿大学并非特例。我们的中文系规模很大，但并非唯一。我们拥有非常好的汉学图书馆，但也并非欧洲唯一优质的汉学图书馆。在牛津和柏林都有很棒的汉学图书馆，还有许多高校的汉学图书馆都不错。

此外，我们的中文系并非"中国语言与文学系"，语言和文学只是我们工作的一小部分，我们同样也做中国的历史、艺术史、思想史、哲学、经济学、社会学、人类学、政治研究、法学、媒体传播研究等。

南都： 最近几年您给学生开设了哪些与中国文学和文化相关的课程？哪一门或者几门课程最受学生欢迎？

柯雷： 我自己的课程主要聚焦于中国文学和文化。比如，在中国研究方面，我给三年级的学生开了一门文化社会学课程，我们在社会政治发展的大环境里去考察中国文学。我给二年级学生开了一门诗歌课，从《诗经》时代一直讲到微信时代。

但我也在其他学术计划里授课。比如，我开设了一门名叫"批判性区域研究"的课程。课程与中国没有关系，但我在上课时有时候会以中国作为例子。同样，我还开设了一门课程教授广义上的翻译，比如医学、法律或者社会科学和人文科学领域的翻译问题。

我还给文科硕士开设一门关于"底层生活和文化生产"的课程，这个题目涉及打工文学，同样也涉及电影以及为打工者生产或打工者自己生产的音乐等。

撰文：黄茜　摄影：李霞

司马富
Richard J. Smith

文化从来不是一种零和游戏

司马富访谈

司马富（Richard J. Smith），美国莱斯大学历史系荣休教授。1944年出生，大学本科与研究院均就读于加州大学戴维斯分校，1972年获历史学博士学位。多年来，司马富教授一直任教于莱斯大学，2017年正式退休。他通晓中文、日文、法文和西班牙文，主要研究方向是中国近代史和中国传统文化，对日本历史文化人类学亦有研究，其晚清研究和易学研究在国际上具有一定的影响力。出版著作有《外国雇佣兵与清帝国官员：十九世纪中国的常胜军》（*Mercenaries and Mandarins: The Ever-Victorious Army in Nineteenth Century China*，1978）、《〈易经〉：一部传记》（*The I Ching: A Biography*，2012）、《清朝与中华传统文化》（*The Qing Dynasty and Traditional Chinese Culture*，2015）等。

"我当然是中国人民的老朋友！"美国著名汉学家司马富教授给记者回复的邮件通常是用英文，但是"老朋友"三个字，特地用中文来标示，"从1978年第一次到上海算起，我至少到过中国60次。"

　　近40年中，他几乎访问过中国所有的省、自治区、直辖市，包括西藏、新疆。可以说，他是不折不扣的中国通。20世纪70年代，他还在香港中文大学访学一年。司马富教授退休之后，居住在得州休斯敦。近年来年事渐高，他有近五年没有到过中国。

　　司马富告诉记者，他的中文名是由其导师刘广京教授起的。"刘教授说，中国最伟大的史学家是司马迁，我的英文名Richard简称Rich，就是富的意思，有学富五车的寓意。"司马富谦称这并不意味着老师对他的期许和高度评价，"这是刘教授和我开的玩笑，不能当真。"

　　司马富在学术道路上深得刘广京、罗荣邦、费正清、李约瑟四位教授的启发与指导，出版了众多关于中国传统文化的研究著作，成就斐然。他精通中文，熟练掌握中文书写和阅读，各种典故信手拈来。因为电脑输入中文有点麻烦，所以和记者的往来邮件，往往是穿插使用中英

1978年，司马富第一次来到中国，在上海街头，他被一群好奇的小学生包围

文，特别强调的字眼、可能有歧义的地方，包括引用中文典故时，就会特别用中文标示出来，甚至在邮件结尾时使用"司马富顿首"，记者明显感觉到他的谦谦君子之风，与他推崇的中国传统文化之间，似乎有着一脉相承的关系。

多年来，司马富教授出版了众多关于《易经》等中国传统文化的研究著作以及诸多论文，包括九部独立署名的专著。其中《〈易经〉：一部传记》与《清朝与中华传统文化》先后获得特选书籍杰出学术奖（Choice Outstanding Academic Title Award）。《清朝与中华传统文化》中文版日前在国内推出，是当代西方汉学家少数几本系统性论述中国传统文化的著作之一，内容广泛，举凡语言、哲学、宗教、文学、艺术，乃至社会风俗，尽入彀中。

司马富获得的其他学术奖项、证书或荣誉称号亦不可胜数，仅教学类的便有12次，如莱斯大学Brown最高功勋证书（1992年）、艾莉森·萨罗菲姆杰出教学教授（1994—1996年）、得克萨斯州年度教授（1998年）等。他还多次获得美国国家人文研究基金奖助，最近一次是与东亚及越南等地学者合作的汉文化圈研究（2017—2019年），出版了两部论文集。

英文版《清朝与中华传统文化》书影　　中文版《清朝与中华传统文化》书影

温文和善,言辞典雅,采访司马富令人愉快。除了认真回答提问,他还经常与记者彼此交换意见,甚至说到NBA(美国职业篮球联赛):"我是姚明的超级粉丝。很可惜,现在的火箭队成绩并不好。"从司马富先生身上,记者深切体会到他对中国的友好:他为所推崇的中国传统文化至今仍有一席之地而感到高兴,他对中国美食也念念不忘,"如果可以,我想天天吃东坡肉"。

美式幽默,乐观精神,以及中国知识分子式的谦逊与和善,在司马富先生身上体现得相当明显。正如他在《清朝与中华传统文化》一书中提到的,"文化从来不是一种零和游戏",不同文化类型之间相互借鉴、融合、发展,才是正确之道。他对中国四十多年以来取得的进步深感兴奋与赞赏。

他特地给记者发来几张照片,是他英文著作的封面,以及收藏的一副李鸿章的对联。1972年,司马富在香港的时候,他的好朋友、学者简又文教授帮他买了这副对联。

司马富感慨:"即使有简教授的帮助,我今天也买不起这些卷轴了!"

人物专访

文化从来不是一种零和游戏 ——司马富访谈

"司马迁的司马,学富五车的富"

南都: 您从什么时候开始对中国文化感兴趣的?是否受到了某个人的影响?

司马富: 我在加州大学戴维斯分校读大三的时候,开始对中国感兴趣。说实话,当时我的女朋友想选一门中国历史的课程,我觉得在课堂上坐在她旁边会很浪漫。这招奏效了——她和我已经结婚54年了。我非常爱她,但我也喜欢中国历史。

南都: 在开始正式的学术研究之前,您对中国的印象如何?在您最初的认知中,也许中国是一个陌生或神秘的国家?

司马富: 我必须承认,在加州大学戴维斯分校上中国历史这门课之前,我对中国一无所知,也没有任何看法。当时我只想成为一名职业棒球运动员,很浅薄!

南都: 我们非常想知道,您对中国学术研究的道路是如何形成的?

司马富: 我的学术研究之路是由两位出生于中国的导师和两位出生于西方的学术界朋友引领塑造的。一位导师是刘广京教授,他的外祖父是晚清要员陈宝箴;另一位是罗荣邦教授,他的外祖父是晚清康有为。两位学术界朋友,一位是费正清(John King Fairbank)教授,是刘广京教授在哈佛大学的导师;另一位是李约瑟教授(Joseph

Needham）——他们两位支持并且鼓励我，对中国历史和文化，从更宽广的角度来作跨文化思考。

南都：在您的研究过程中，您是如何找到和确定自己的学术研究方向的？

司马富：在我的整个学术生涯中，我一直对"中国性"和"他者性"的建构感兴趣——也许因为我是研究"中国"的"他者"。我的第一本书，是在刘广京教授指导下完成的，费正清教授为我提供了很多完善意见，书名为《外国雇佣兵与清帝国官员：十九世纪中国的常胜军》。本书专注于清政府从1850年到1874年管理外国雇佣军的政策，包括对付太平天国运动以及其他反政府的叛乱。

在20世纪80年代和90年代初，我的研究采取了两种截然不同但又相关的形式。一是我对清政府对外国雇员政策的兴趣的延续。费正清教授和我有共同的兴趣，所以他和我合作出版了三本书：《步入中国清廷仕途：赫德日记，1854—1863》（*Entering China's Service: The Journals of Robert Hart, 1854—1863*, 1986）、《赫德日记——赫德与中国早期现代化（1863—1866）》（*Robert Hart and China's Early Modernization: His Journals, 1863—1866*, 1991）和《马士：中国海关关长和历史学家》（*H. B. Morse: Customs Commissioner and Historian of China*, 1995）。

对于赫德与马士的研究，加上我之前对常胜军的研究，让我开始以一种系统的方式去探索特定的文化现象何以形成。而19世纪出现这种现象，与中国政治、社会和知识生活息息相关。其中最重要的现象之一，似乎是宇宙学，尤其反映在中国礼教、占卜、时宪历、历书和地图中。

为此，我在大英图书馆、美国国会图书馆、中国国家图书馆和梵蒂冈档案馆中遍找资料，作了深入细致的研究，成果就是我在20世纪90年代出版的四本书：以占卜学为研究题目的《算命先生和哲学家：中国传统社会的占卜》（*Fortune-tellers*

& *Philosophers: Divination in Traditional Chinese Society*，1991）；我和郭颖颐（D.Y.Y. Kwok）合作编写的《宇宙学，本体论和人的效能》（*Cosmology, Ontology and Human Efficacy*，1993）；我为牛津大学出版社提供的两本专著《中国通书》（*Chinese Almanacs*，1992）以及《中国舆图：亚洲之图像》（*Chinese Maps: Images of Asia*，1996）。

《算命先生和哲学家：中国传统社会的占卜》书影

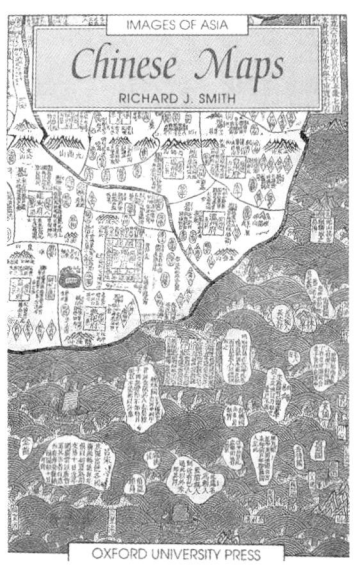

《中国舆图：亚洲之图像》书影

我对中国宇宙观的持续兴趣，让我最终走进"易学"，即对《易经》的研究，并出版了我个人最喜欢的两本书：《探寻宇宙和规范世界：〈易经〉和它在中国的进程》［*Fathoming the Cosmos and Ordering the World: The Yijing (I-Ching, or Classic of Changes) and Its Evolution in China*, 2008］，《〈易经〉：一部传记》（2012）。就像我一些后期在《周易》方面的研究著作一样，《〈易经〉：一部传记》把对周易的研究推广到了韩国、日本和越南。

然后，我尝试将我之前的所有研究，整合到视野更为广阔的研究中——《测绘中国和管理世界：文化、制图学与宇宙学在晚清帝国时代》（*Mapping China and Managing the World: Culture, cartography and cosmology in Late Imperial Times*, 2013），以及《清朝与中华传统文化》。

这项工作，又反过来激励我开始写作另外两本书。一本暂名为《中国流行文化中的科学与医学，1600—1800年》（*Science and Medicine in Chinese Popular Culture, 1600—1800*），通过对中国日用类书以及从晚明到清初其他一些常识手册的考察来探讨这些主题。另一本暂名为《中国：礼仪之邦》（*China: The Land of Ritual and Right Behavior*）——这是对清代礼制的解释性研究，重点关注有序与无序、正统与异端的主题，灵感来自我早期研究中国宇宙学时看到的曾国藩的一句格言："天心厌乱。"

从《清朝与中华传统文化》看文化理解

南都：您的《清朝与中华传统文化》一书刚刚在中国出版。您对中国传统文化及其在清朝的演变有很深的了解，这即使是一般中国学者也很难做到。我非常钦佩您的研究，因为文化是一个非常宽泛的概念，做文化研究是一个非常有挑战性的

《探寻宇宙和规范世界：〈易经〉和它在中国的进程》书影

《〈易经〉：一部传记》书影

课题。您为写这本书准备了多长时间？您为什么选择这样一个具有挑战性的课题？

司马富：你能这样说，真是太好了。我自己的感觉是，我可能仅仅触及了表层问题，浅尝辄止（但愿我做得比隔靴搔痒多一些）。无论如何，我认为，准确地说，我的整个学术生涯，就是在为写作这本书做准备。但我写作此书的主要动机，是想探讨中国研究何以走向"分解"——最早在美国汉学界提出这个概念的，是柯文（Paul

Cohen），他在专著《在中国发现历史：近代中国的美国历史叙事》（*Discovering History in China: American Historical Writingon the Recent Chinese Past*，1984）中，第一次使用了这个概念。

柯文反对"以中国为中心"的中国历史研究方法，他认为，处理中国社会的巨大多样性和复杂性，有必要将其分解成更小、更易于解读的空间单元。虽然这种方法有明显的价值，但我相信，整体研究和特殊个案之间的辩证关系，必须兼顾。毕竟，如果没有对共识、一致性和连续性的理解，我们怎么能讨论中国的丰富性、多样性和变化呢？比如，到底是什么让"中国"和"中国人"这样的词有意义呢？

南都：清朝是由满族（北方的游牧民族）建立的，与中原地区的中国传统文化之间，既有继承又有融合。您如何评价不同文化类型之间的碰撞对中国传统文化造成的影响？

司马富：在如何思考清朝复杂的文化问题上，我相信在强调"汉化"的学者和强调"满化"的学者之间有一个富有成效的中间地带（中庸之道），前者如何炳棣（Ping-ti Ho）和黄培（Pei Huang），后者如欧立德（Mark Elliott）、柯娇燕（Pamela Crossley）和罗友枝（Evelyn Rawski）。可以说，满族在政治上取得成功的关键，在于他们能够挖掘与"亚洲内部非汉民族之间的文化链接，以及能够区分非汉族地区有别于明代前朝的分省治理体系"。当然，康熙帝和他的继任者，都是中国文化的热情保护者，他们精通中文，非常尊重儒家价值观，熟谙中国艺术和文学，愿意在各级政府机构中起用汉族学者。对于我来说，很重要的一个观点，就是欧立德2009年出版的书名所强调的——《乾隆皇帝：上天之子，世界之人》（*Emperor Qianlong: Son of Heaven, Man of the World*）。乾隆皇帝和他的继任者们，出于务实的原因，将"中国（汉族）"的一面，呈现给了居住在长城以南的臣民；将"满族"和其他民族的一面，呈现给了帝国其他地区的臣民。

南都： 清朝是中国走向近代的历史节点。满族文化与汉族传统文化、中国与西方世界之间存在着相互考验与纠缠。作为一个研究中国的西方学者，您如何看待世界各地的文化冲突？

司马富： 我认为相互冲突总是不好的，相互理解总是好的。每一种文化都认真结合其他文化，从中学习，汲取养分，但往往"文化战争"在阻止这些相互间的理解，这是目前美国的一个大问题。国家主义可以是一个健康、正面的事情，但是，像其他一切事物一样，如果推向极端，就是非常危险而具有破坏性的。

南都： 与中国学者相比，外国学者在语言掌握、文献收集、文化背景理解等方面存在一定的障碍。您认为西方学者研究中国有什么优势和劣势？

司马富： 我完全同意你提到的这些原因，研究中国文化，对西方学者来说是一个巨大的挑战。但是，迎接这些挑战，是让中国研究如此有趣和有益的原因之一。

就我个人而言，我的优势也正是我的劣势。一方面，我是一个"局外人"，永远不可能像在中国文化中长大和受教育的人那样了解中国。我对中国的看法，来自学术研究和相对有限的生活经验（我在中国大陆和台湾的旅行，以及我在香港的那一年）。另一方面，如果可以的话，我更愿意说，我对中国的看法会相对客观——如同中国谚语所说：旁观者清。

在中国历史研究，乃至总体历史研究中，最让我困扰的一点是这么多学者倾向于过于尖锐地划定解释线的方式。如同我已经提到的，一个突出的例子，是"汉化"和"新清史学派"之间的辩论。中国的一些学者，尤其是李治亭，在对西方中国学术研究的批判中走了极端——尤其是对欧立德和柯娇燕等个人的人身攻击，而欧与柯其实在解释观点上是存在分歧的。这句话有点模棱两可。我想指出的是，尽管像李治亭这样的学者倾向于将欧立德、柯娇燕等学者都归为"新清史学派"，但事实是他们之间的观点大有不同。欧立德和柯娇燕（及其他人）对清史的看法有着重要的分歧，这在柯娇燕的访谈中可以看得非常清楚。换句话说，像李治亭这样的批评家所描述的"新清史"拥护者，并不是所有人在所有历史问题上都意见一致。

中国传统文化的完整和持久"相当了不起"

南都： 作为一名研究中国的学者，您对中国文化整体的客观评价是什么？它的优点和缺点是什么？它在当今世界的地位是什么？

司马富： 总的来说，我认为中国传统文化在力量、完整性和持久力方面，都是相当了不起的。众所周知，它不是静止的，而且从来不是；每一种文化都随着不断变化的历史环境而演变。以我之见，中国文化长期以来形成的价值观，在现代世界明显有一席之地，比如对学习、道德、礼貌以及特定价值如仁、义和孝的尊重——尽管，我想我们都同意，传统上的孝有时会以相当极端的形式出现。

南都： 听您讲了这么多您的研究，对于中国读者来说其实都是相当深奥的，要对中国历史和哲学有很深入的了解，才能有所收获。我们不妨来说点轻松话题。您到访中国很多次，和中国同行有过令人印象深刻的交流吗？

司马富： 我到过中国至少60次，从1978年我第一次到上海开始。我也花了一年时间（1971—1972年）在香港中文大学完成我的博士论文，同时教授中国和日本历史。我从我的中国同事那里学到了很多，不仅在正式场合如学术会议上，也在与他们的私人交谈中。这些时候我经常感觉有点像班门弄斧！

我几乎走遍了中国的每一个地方，包括西藏、新疆，看到了以前只在报纸或书本上读到过的东西，这使我受益匪浅。我也有机会在街上、寺庙、餐馆和各种旅游景点，与日常生活中的人们交谈。大家很容易疏忽，当年在中国的大多数游客，都是中国人。

南都：你们有很多学生对中国文化感兴趣吗？除了学业指导之外，您对他们还有什么其他建议吗？

司马富：我所有的学生，都在中国文化中找到了一些有趣的东西，不管他们是不是中国人（越来越多的人是中国人）。我认为我的角色是鼓励他们，细心地和批判性地思考他们为什么会获得这种兴趣，以及它与他们自己的生活有（或没有）什么关系。我经常让我的学生思考的一个基本问题是：在任何特定的历史时刻，中国人是如何理解他们周围的世界的；我们如何评价他们对意义的探索，而不被我们自己的一套或几套价值观和概念范畴所禁锢？我的目标，当然是让他们不仅思考中国文化，也思考他们自己的文化。

撰文：刘炜茗　供图：受访者

包华石

Martin J. Powers

中国的知识资源启发了西方的许多现代观念

包华石访谈

包华石（Martin J. Powers），著名汉学家、艺术史学者，美国密西根大学中国艺术与文化教授、中国研究中心前主任，同时服务于美国学术团体协会（ACLS）、国家人文基金会（NEH），并任英国视觉艺术高等研究中心（CASVA）海外顾问。他的研究聚焦艺术在中国历史，尤其是社会历史层面的表现及影响，关心个体力量和社会公义的艺术表达。著有《古代中国的艺术与政治表达》（*Art and Political Expression in Early China*，1992）、《纹样与人物：古典中国的装饰、社会与自我》（*Pattern and Person: Ornament, Society, and Self in Classical China*，2006），参与编著《观看亚洲艺术》《布莱克威尔中国艺术指南》。

那已经是十年前了。5月的清华园草木葳蕤，文北楼309教室来了一位外国教授，穿马甲，戴眼镜，一头银发，讲一口流利的中文。他自称"包子"，常常模仿诸子百家口吻，一本正经来一句"包子曰"，让听课的人都觉得有趣极了。

这位教授便是著名汉学家包华石，专攻中国艺术史和比较文化研究。他曾经凭借《古代中国的艺术与政治表达》和《纹样与人物：古典中国的装饰、社会与自我》在1993年和2008年两度获得在海外中国研究领域久负盛名的"列文森奖"。

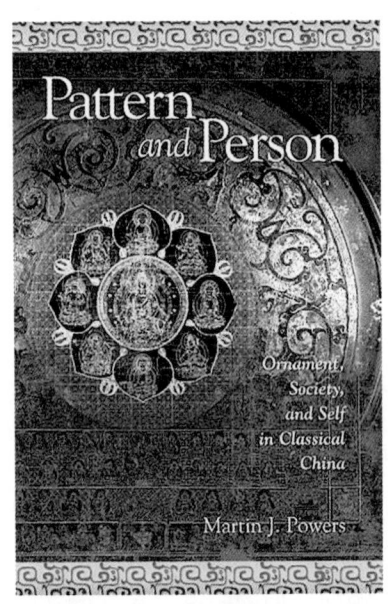

《纹样与人物：古典中国的装饰、社会与自我》书影

在清华的八堂课

包华石在清华的"文化冲突与文化政治"系列讲座共分八讲，包括文化冲突与文化政治、近代早期中国人与英国的国体意象、人民意象、自我意象、自然意象等主题。

从头到尾听完讲座的卢文超后来回忆说，八场讲座"环环相扣，从文化冲突的角度对中西文明历史上的复杂互动进行了新的阐释"。在讲座上，包华石旁征博引，阐述鲜明生动，发人省思。多年以后，卢文超还记得一句经典的"包子曰：原始资料往往优胜于二手资料"。卢文超感慨，包华石对"原始资料"的注重，让在场听讲的中国学生也感到"汗颜"。

清华大学国学院的刘东教授是包华石讲座的组织者和评议人，他的评议都切中肯綮，让听者从"看热闹"直接升华为"看门道"。讲座之外，刘东和包华石还常在一起喝酒，"最过瘾的是喝中国黄酒"，有时能喝掉整整一坛。包华石还喜欢五粮液，有一回竟拿着一瓶茅台去跟刘东的五粮液交换。

视中美两国都如"家园"

2019年12月，包华石被广州美术学院聘为荣誉教授，时任广州美术学院院长李劲堃说，包华石的到来，将为广美未来的创新发展提供更强有力的学术支撑，并发挥重要学者的智慧力量。

2020年，包华石将清华系列讲座等内容梳理重写成《西中有东：前工业化时代的中英政治与视觉》一书，由清华大学国学研究院主编，上

《西中有东：前工业化时代的中英政治与视觉》书影

海人民出版社出版。

虽然本次访谈以邮件方式进行，但包华石在回答记者提问时，他的笔端常常蹦出一些好玩的中文习语，比如"抬杠""书呆子"。他谦称"尚未攻克语言这道难关"，有不少常用的语法还没有掌握，说到这里又遗憾地叹道"呜呼"。

从字里行间不难看出，包华石对中国与中国文化都怀有深厚的感情，也熟稔中国文化对西方的影响，常常忍不住要站出来为中国"说几句公道话"。包华石说，虽然中国和美国对他而言都如家园一般，但他并不是要代表任何一方发声。"我感兴趣的是概念、标准、制度以及对普通人有所帮助的社会实践。我的意思不是要将这些概念或社会实践强加于任何人。我只是说，中国文化（以及我不熟悉的其他文化）所提供的资源应该为全世界懂得它们价值的人所用。"

他把《西中有东：前工业化时代的中英政治与视觉》一书称作"消除东方/西方二元对立的一次堂吉诃德式的尝试"。

人物专访

中国的知识资源启发了西方的许多现代观念

包华石访谈

从欧洲美术史到中国美术史

南都：20世纪五六十年代，美国掀起"中国热"，到处都能买到关于中国哲学和诗词的图书。此前有采访说您就是在那时开始对中国感兴趣的。据说您最早接触的中国图书是译成英文的《庄子》，是这样吗？为什么对这本中国思想读物记忆深刻？

包华石：当时我已经对欧洲哲学的传统感兴趣。虽然年轻，但我注意到在我所接触到的哲学当中，不少对道德问题的论述都保持着相当幼稚的看法：善与恶、理性与感情、民主政治与专制政治都分得很清楚，像黑白一样。以《庄子》来看，恶中有其善而善中也有其恶，道德问题并不那么简单。后来，学习了古代汉语以后，我发现了《庄子》里面的不少洞悉真让人惊讶。

我几十年来很苦恼地学习中西社会历史，只是最近才体会到不平等的来源与传统群体的制度化有密切关系。之后我再看《齐物论》，发现了这一段："彼民有常性，织而衣，耕而食，是谓同德；一而不党，命曰天放……夫至德之世，同与禽兽居，族与万物并。恶乎知君子小人哉？"

"族与万物并"说明了原来没有任何族群，因而大家都平等。庄子接着指出，圣人建立了礼义的尊卑秩序以后，工匠创造了礼器的等级以后，才出现了上下尊卑的群体结构。古代西方的哲学家没有一位能看透这个道理。只要我们继续寻找，《庄子》中还有无数其他的洞悉。

南都：您大学学的是历史专业，随后到芝加哥大学读博士研究生选择专业方向的时候，为什么选择了中国艺术史？

包华石：我本科的主修课程是欧洲美术史，不过我一直觉得中国文化有趣。当时我认识了后来的妻子，她给我介绍了不少关于中国文化的事。所以在读博士研究生以前，我已经决定了要学习中国文化。芝大的学生顾问说我必须学习中文。过了几个星期后，我确定一定要以中国文化为专业。

南都：您是怎么攻克语言这道难关的？学习汉语有哪些心得和窍门？

包华石：在芝大学中文的时候，首先学了口语。口语的基本句子构造成为习惯以后，我们才开始学习读汉字。我觉得这个办法是蛮有效的。不过诚实地说，我尚未"攻克语言这道难关"，一直到现在还在学习。这不是客气话，而是因为我平常只是短期地留居中国，偶尔一年或者两年，大多数时候只是几个月而已。这样很难达到流利的标准。我虽然可以顺利地沟通，但还有不少常用的语法没有掌握。呜呼！

南都：请讲讲您的师承。在学习和研究中国美术史及中国古典文化这方面，哪些前辈学者对您产生过较大的影响？

包华石：以艺术史的方法来说，我的导师范德本（Harrie Vanderstappen，1921—2007）对我的影响很大。一方面，他劝学生要细细地观看艺术品以挑出其基本的视觉逻辑；另一方面他也很重视艺术制造的经营和在社会中的传播。此外，某种程度上《西中有东：前工业化时代的中英政治与视觉》英文版本的序言也回答了这个问题。其中提到的同事们包括John Onians、Alex Potts、Danielle Allen、Jonathan Israel、刘禾、张龙曦、卜正民（Timothy Brook）等，不过还是不全。如果重新考虑的话，我尚能提到何炳棣、Rudolf Arnheim、Charles Tilly、Norman Bryson和Peter Bol；还有其他的中国和外国的同事们，往往也给我很大的启发。

将艺术作品当作社会历史研究的素材

南都：大部分中国艺术史学者通过历史去解释艺术，而我发现您是通过艺术去解读历史。您关注艺术在社会历史层面的表现及影响，比如在《西中有东：前工业化时代的中英政治与视觉》这部书里，您详细探索了政体、施政权力、人民、平等等概念在艺术中的形象化表达。您能谈谈您的方法论吗？这种独特的治学思路是怎样形成的？

包华石：你说得对。在理想情况下，我试图将艺术作品当作社会史研究的一手文献来对待。视觉艺术能揭示出以其他方式难以阐明的对社会的设想，或可称某种"政治抽象概念"。图像可以不依靠文字而传递思想，这个看法于我来说有三个源头。

从时间上讲，首先是鲁道夫·阿恩海姆（Rudolf Arnheim）。在他的所有著作里，尤其在《视觉思维》（*Visual Thinking*）一书当中，他告诉我们所有"观看"都伴随着"思考"。我在读大学时就读过阿恩海姆的许多著作，后来我来到加州大学洛杉矶分校工作，便开始和他通信。在我搬到安阿伯市以后，通过邮件往来的对话转变成了一段长久的友谊，因为阿恩海姆也住在那里。

其次，W.J.T.米切尔（W.J.T.Mitchell）的写作也在我的思考中留下了痕迹。如他所说，"在文化的构建中，图像和语言一样基本"，"图像是极度敏感的历史风向标，是文化和政治的晴雨表，画像和隐喻是作为历史时刻的象征出现的"。

最后，林·亨特（Lynn Hunt）关于法国大革命期间"人民"形象的开创性论文揭示出，图像的变迁如何指向了对政治思想的理解中重大的概念变革。

我遵循这个研究思路已经有些年头了。到目前为止，在某一时期的文献或社会制度和实践中寻找支撑性的证据并不困难。一如既往，困难的地方在于不要把任何东西视作理所当然。

这个原则同时适用于图像和文本。在《论衡》的序言里，王充说，他将用他的文章去批判官员间流传的歪理邪说，正如官员们在其职权范围内可以去批判政府。一些历史学家质疑，那个时代的普通中国纳税人可以"真正"批判政府吗（我把这种诡辩称为"抬杠"）。但事实上，王充并没有争论说一个人应该去批判；他认为自己可以批判，这是理所当然的，并且他认为读者会明白他的意思。

与此类似，许多历史学家（包括我在内）将汉代某些图像，例如比肩兽，视为理所当然，毕竟它们属于那个时代的所谓"祥瑞"的话语系统。不那么明显但又无可否认的是，它们也是政体的寓言：一头代表政府，另一头代表人民的一部分，在这个例子里，即寡妇、孤儿以及其他弱势群体。正如孟子所言，"天下之穷民而无告者"。虽然在欧洲和其他地方，人们对于政体有过种种想象，但我想不到在哪种想象里政府和人民可以像比肩兽形象一样彼此平等，一头代表政府，一头代表人民，两头位于同一水平线上，彼此不同但根部又连在一起。这个想法的源头即是孟子。假如一幅希腊或罗马的图像暗示了如上意义，西方历史学家定会一直吹嘘该图像的"民主"意涵。

南都： 您在《人民》一章中提到了白居易的"古文运动"，反对讲求声律、辞藻浮靡的文体，提倡平实简易的审美趣味。此种趣味对于宋代绘画产生了实质性的影响，荆浩的《笔法记》明确将自然指认为"实"，把自然主义的"真实"作为对浮华藻饰的解药。您指出，白居易、荆浩等"有类似想法的士人"都在为建立一个"将事实作为政治与文化话语之标准的体制而奋斗努力着"。我们在何种程度上能将白居易、荆浩等人关于文学、艺术的话语看作一种政治话语？

包华石： 你说得比我还要详细。如上所述，形象，甚至于风格，的确都会包含政治性的蕴含，这是艺术形象本身的情况。以前我将这个情况称为"通用条件"："艺术史学家使用一系列术语将一幅图画中具有意义的元素孤立开来，这些术语包括'特质''画像''象征'等。我认为'通用条件'这个术语应该用于指明反映了研究对象或形势之性质的基本倾向的那些品质。"

一般"通用条件"需要通过描绘方式来表现。譬如，古人所想象的"云气"本来是流动性的液体,因此无论如何,为了将这种理念形象化,画家必定选择变形的形态;不可能使用新古典主义之类的风格描绘出古代中国人"云气"的观念。不过,"气"原来是一种"物质",而"物质"就有政治性的含义。在欧洲,个人的身份可见于其所使用的物质的"类型"(social type)。贵族的物质是黄金,而平民的是非贵金属。在古代中国人来看,"气"本来是流动的、不稳定的,因而每个人的身份也是无定的。如果中国人缺乏这种"云气"的理念,很难说古人到底是否能发明举贤任能的行政思想。

南都:您在关于"自然"的章节里讨论了中国的园林,认为园林是中国士大夫的一种精神承载,是在政治体制之外的一种对个性的肯定和张扬。您是否身临其境参观过中国的园林?您认为中国的园林和欧洲的园林在本质上有什么不同?

包华石:这个问题中的"中国园林"最好应限于晚唐之后的文人园林吧。以当时的士大夫来说,具有政治体制之外的、自我的生活与精神的空间,是非常重要的。这种需求的存在基本上是因为贵族统治崩溃以后,公与私、君王与国家、官与职、身份与职业等区别都分明了。结果是唐代以后就有公营与私营的公共建筑物,官方与民间的领域。早在唐代晚期,韩愈、白居易与柳宗元的文学作品中已能看得出一种新的"闲逸文化"的痕迹,与任官时的典范不同。士大夫的园林就是适于前者的需要。

不过明清之际的欧洲人尚未发展出这样的区别。严格地说,他们没有什么"政治"领域。贵族身份就等于"施政权",社会体制与政治体制还是缺乏很明显的界限。因此,欧洲人学到了中国的政治制度以后,他们才需要找出一个术语来表现"施政权"这个理念。不过他们仍然无法将世袭身份与"施政权"分开,所以一直到18世纪晚期,他们还在用"贵族身份"(nobility)去传达"官职"的概念。

同样地,17世纪的法国耶稣会传教士、汉学家李明(Louis Le Comte)注意到中国文人在家里休息的时候,常常穿着非常随意的服装,甚至于能看到一些裸露的地方。李明指出,在欧洲这算是不可思议的事。为什么呢?因为在欧洲,人的世袭身份表现于其服装。没有合适的服装就没有什么身份了，这当然是不可思议的事！李明看到文人园林的时候也产生了我们可以预料的误解。他很好奇为什么文人的园林缺乏合适的"纹饰"。当然欧洲人的园林与其服装一样，必定有与身份相配的纹饰，不然他就没有什么身份了。李明推知中国文人根本不在乎纹饰，但奇怪的是，他们还是愿意花很多钱改造自己的园林。这是因为李明无法想象，在后封建的社会中，人与服装是有出入的了！而且正式典范的领域与随意文化的领域也有区别，前者要适应政治与社会的需要，后者只要合适于自我的爱好，或者如白居易所说，只要"适意"。

南都： 您在著作里旁征博引，不仅有艺术史方面的文献，还有儒家经典、古典诗歌等。为什么您涉猎的文献材料如此驳杂？为什么将孟子、庄子、古典诗歌等材料也囊括进您的研究范围？

包华石： 这是很好的问题。我们历史学家与科学家一样，都会有些假说。不过与科学家不同的是，我们无法严格地证明我们的设想。尽管如此，我们还是可以增强假说的可信度。如果我们的假说只有一两种资料与之相配，其说服力则不强。不过如果我

包华石近照

们能用一个理论解释很多不同领域的现象，或是将之视为一个完整体系中的因素，那么这个假说就难以被驳倒。这种辩论叫作"一致性论证"（coherence argument）。恐怕我们人文学科的书呆子没有更好的办法。当然，此外也可以说我很欣赏中国文化不同领域的杰作。无论是文学或艺术，还是行政或法律，古人的作品常常会让我惊讶地想，"他怎么会体会到这一点呢！"

《西中有东：前工业化时代的中英政治与视觉》是一次堂吉诃德式的尝试

南都：在很长一段历史时期内，东方是被西方"凝视"的对象，是一个与西方泾渭分明的世界，西方世界对待东方有一种天然的傲慢。您的这部作品名叫《西中有东：前工业化时代的中英政治与视觉》，是否在撰写之初，就抱有打破"西方中心主义"的企图？能否简要地谈谈，在前工业化时代，中国（东方）文化对于英国（西方）产生了哪些影响？

包华石：这本书或许是消除东方/西方二元对立的一次堂吉诃德式的尝试，这个僵死的概念已经伤害了无数美国人和中国人。当然，在我写《西中有东：前工业化时代的中英政治与视觉》这本书之前，许多其他学者也负担起了类似的使命，希望用更为国际化的思考来取代狭隘的部落主义。这些学者包括人类学家杰克·古迪（Jack Goody）、中国研究学者卜正民（Timothy Brook）和王国斌，还包括我在书中引述到的一些学者。

然而最近，仅仅是为了挣钱，西方主流媒体似乎重新开始鼓吹老一套东西对立的刻板印象。如果《西中有东：前工业化时代的中英政治与视觉》一书有什么独特之处，那便是它为这样一个事实提供了强有力的证据：中国的知识资源启发了许多被视为"西方"特色的"现代观念"，以至于举世公认的"西方"的特殊性几乎化为乌有。钱德兰·奈尔（Chandran Nair）最近出版了一本书，提倡在全球舞台上瓦解所谓的"白人特权"。他论证道，欧洲和美国的制度支配着全球的贸易、金融、娱乐、教育和媒体等领域，并不完全是因为它们本身更加优越或更加完善。此种支配权之所以能够维持，很大程度上是通过宣扬一种高度理想化的对"西方"的认知，同时隐藏无论过去还是现在非白人族群所作出的贡献而达到的。对我的书而言，以及对所有其他呼吁尊重基本历史事实的作品而言，钱德兰·奈尔的理论都提供了一个更为广阔的讨论语境。

南都：您在中国艺术和中国历史研究领域卓有建树，从您的著作当中，能看出您对中国文化的欣赏和热爱。清华大学的刘东老师说，您总是不失时机地为中国说几句"公道话"。您觉得作为研究对象的中国，算得上您的"第二祖国"吗？您对这个国家抱有怎样的情感？

包华石：1721年，克里斯蒂安·沃尔夫（Christian Wolfe）在阅读了德语版《大学》之后，在演讲中谈及中国更加理性的、非宗教的道德系统，认为这样一种道德系统在欧洲可以减少宗教战争并拯救人们的生命。结果是，他被官方告知在24小时内必须离开居住的城市，否则将被处以绞刑。沃尔夫也许因为他读到的中国典籍而开始尊重和欣赏中国文化，但他的热情同样来自于对自己国家的深深关切。对我而言也是如此。我读到的中国的文本越多，我看到的中国的图像越多，我遇到的中国人越多，我越觉得"美国似乎深深陷在了陈规里；而这里有丰富的资源帮助我们重新思考如何应对眼前的危机"。

然而，我的关注点并不局限于这两个对我而言都像家一般的国度。我并不觉得我是在为中国说话或者在为美国说话。我感兴趣的是概念、标准、制度以及对普通人有所帮助的社会实践。我的意思不是要将这些概念或社会实践强加于任何人。我只是说，中国文化（以及我不熟悉的其他文化）所提供的资源应该为全世界懂得它们价值的人所用。目前，那些用于维护白人特权的教科书传递了一套过于僵化的观念，无法助力我们脱离泥沼。我非常乐于去中国，和那里的人们待在一起。我总是从朋友、同事和学生们那里学到很多，我也希望因此而成为一个更好的人。

南都： 最近有访华计划吗？请谈谈您目前正在进行的研究项目。

包华石： 明年冬季我打算与芝加哥大学的米切尔先生一起讲课。课题是米先生的图像学（Iconology，与潘诺夫斯基的图像学不同），但这次除了欧洲的例子之外，我们也要参照中国的文化资料。我们希望这门课能接收芝大与北大的同学们，让他们一起在线上参加，进行交流。

另外，你也许知道对启蒙运动产生影响最大的资料可能是在康熙皇帝指导下选编的《古文渊鉴》。那本书的英文译本在18世纪初期影响很大。我们现在看看其中的诏书和奏议，内容都还算很先进。奏议的论点包括：任官，不管民族或身份怎么样，只关注资格如何；官吏无论官阶高低，必须公事公办；国家最核心的责任是为人民服务；"夫公论伸屈乃治乱存亡之所由分"；等等。问题是，这些译文都是18世纪的英文，现在大部分人都看不懂。我想将18世纪的英文翻译成当代的英文提供给大家。这一批文章差不多等于中国人的great books。虽然它们原是文章不是图书，但还是一样的伟大。

撰文/翻译：黄茜　供图：受访者

汉乐逸
Lloyd Haft

在汉语诗歌里发现"美"与"真"
汉乐逸访谈

汉乐逸（Lloyd Haft），世界著名汉学家，诗人。1946年生于美国威斯康星州，1968年从哈佛大学毕业后前往荷兰莱顿大学中文系研修，于1973年获硕士学位，1981年获博士学位。1973—2004年，在莱顿大学教授中国语言及文学。出版著作有《发现卞之琳：一位西方学者的探索之旅》（*Pien Chih-lin: A Study in Modern Chinese Poetry*，1983）、《周梦蝶与意识诗》（*Zhou Mengdie's Poetry of Consciousness*，2006），与荷兰著名学者伊维德合著《中国文学导读》（*A Guide to Chinese Literature*，1997），近年的汉学出版物则是以荷兰语自由解读《道德经》的《老子多道新绎》等。

在荷兰汉学界，汉乐逸不仅是一位著述颇丰的学者，也是一位活跃的诗人。他学习中文逾半个世纪，钟情于现代汉语诗歌，他一手写诗，一手译诗，以诗人、翻译者、读者、文学研究者的多重身份，往返于卞之琳、周梦蝶、郑敏、洛夫、羊令野等中文诗人的作品之中。

他最为人熟知的学术成就，是对卞之琳和周梦蝶的深入研究。作为西方全面研究卞之琳生平和诗歌的第一人，他的专著《发现卞之琳：一位西方学者的探索之旅》至今仍被阅读、被引用。在这部经典著作里，他细读卞氏诗歌的文本意涵，与其人其诗共振，文风精粹，引人入胜。

汉乐逸是一个语言奇才，精通荷兰语、德语、中文，熟悉法文、俄文，自幼展现过人的语言天赋。学龄前，祖母和曾祖母之间常用德语对话，虽然他听不懂，却也饶有兴味，并渐渐养成了沉思的气质。六岁时汉乐逸第一次接触到东方语言，当时邻居是一位日本学专家，太太是日本人，他们说的日语以及房子里挂着的中国书法卷轴都让他惊奇。

1967年夏，20岁的汉乐逸迎来了人生转折点。当时就读于哈佛大学的他，邂逅了一位美丽的中国女子，她来自香港，说着粤语，两人的会面短暂，却让汉乐逸迷上了她的语言。他立刻从哈佛燕京图书馆借来了赵元任先生的《粤语入门》，"这本书很合我的胃口，我从没读过这般绝妙的讨论汉语的著作"。

在嬉皮文化盛行的年代，汉乐逸就像当时许多年轻西方学生一样，对禅宗产生了兴趣。也是在那年夏天，他无意中读到了阿伦·瓦兹（Alan Watts, 1915—1973）的书《禅之道》（*The Way of Zen*, 1957），一时醍醐灌顶，激起了对东方文化的学习热情。

"那位香港女子拓展了我对'美'的经验，阿伦·瓦兹则拓展了我对'真'的理解。这两次相遇为我的生活树立了新的标准或理想，一个是真，一个是美。在我看来，学习汉语既是求美，也是求真。"

抱着深入学习中文的愿景，汉乐逸1968年前往荷兰莱顿大学进修中文硕士，他把此举称作个人的"溯根"行动。彼时，中文在荷兰还属于冷门专业，汉乐逸坦言自己并不爱"赶时髦"，他像活在"旧世界"。比起融入喧闹的圈子，他更热衷于钻研一两个自己喜爱的诗人，关注内在的精神生活，脱俗的个性令他在阅读老子《道德经》时如遇知音。

1970年的某天，汉乐逸捧起了一本许芥昱翻译编辑的英文版《二十世纪中国诗》（*Twentieth Century Chinese Poetry: An Anthology*），并读到了卞之琳，仿佛听到自己的梦被卞之琳讲述着，"对我来说，美和真在那些诗里、在那本书里突然融为一体了"。他即刻生出了钻研卞诗的决心。

在与南都记者邮件往来过程中，他谦恭温逊，又不失风趣，英文回复中会忍不住"蹦出"几个中文词语。他的太太苏桂枝，是中国台湾的戏剧专家，曾在台湾担任过音乐馆主任、豫剧团团长。在接受记者采访时，汉乐逸回忆起两人的恋爱史，大方谈起当年如何搭讪；他热情地分享自己收藏的图书和照片，又为资料繁杂带来困扰而内疚。他开玩笑道："你只是采访我，而不是写一本我的专著！"

退休后的汉乐逸更多忙于"远离现代事物"的兴趣爱好和领域，比如太极拳、中医、宋明哲学、《圣经》的早期中文翻译、中世纪天主教神秘主义等。已届七旬的他，近年开始投入中国古代哲学研究。他告诉记者，自己从几年前开始着手《道德经》的荷语译本，已取得颇为厚实的成果。转头他又对记者讲了一则汉学圈内的笑话，借以自嘲："如何判断你的汉学同事是否已经衰老？看他是否开始研究老庄。"

汉乐逸所收藏的对其影响深远的图书

人物专访

接受欧美不同风格的中文教育

南都： 从哈佛毕业后，您来到了欧洲汉学研究重镇——莱顿大学。20世纪60年代，当时莱顿大学的汉学系是什么样的一个状态？

汉乐逸： 我是1968年秋季学期来到莱顿大学的。此前，在哈佛的最后一年，我参加了赵元任的女儿卞赵如兰教授的中文强化课程，我的中文已经比莱顿的大多数学生说得好了。当时，莱顿大学的重点仍然是古典学和文献学，整个学习氛围与我在美国所习惯的完全不同。首先，荷兰学生被要求能够轻松阅读英语、德语和法语，当然还有荷兰语。我很快就学会了荷兰语，还要自学法语。

一方面，在当时的莱顿大学，学中文的学生屈指可数。我想在"同年级"或"同辈"中，除了我只有四个人。除了中文，我们还被要求学习日语。另一方面，莱顿大学对现代汉语口语的教学不是很系统，落后于在美国那边的正常水平。当我到达莱顿大学时，中国研究方面有两位教授，他们所从事的都不是现代研究。一位是以汉代法律研究闻名的何四维（A. F. P. Hulsewé），另一位则是许理和（Erik Zürcher），一位举世闻名的佛教历史学家。

按照美国的标准，莱顿大学的学费非常便宜，而且从大二开始，我就在图书馆做兼职工作，所以我没有经济问题。到了第五年，我即将拿到硕士学位，我的一位老师突然心脏病发作去世了。令我惊讶的是，第二天我就得到了莱顿大学的一份全职工作。我天生是一个想法很"出世"的人，甚至倾向于不去想象金钱这样的"世俗"事物，在此之前，我从未真正想过毕业后该如何谋生。

南都：哈佛大学和莱顿大学，两所学校在汉学领域都有着举足轻重的地位，它们背后所代表的美国和欧洲的中文学习氛围有何不同？

汉乐逸：在荷兰和美国这两个国家，"中国研究"作为一门学科建立起来的背景是不一样的。莱顿大学是荷兰唯一提供中文培训的大学。当时，中文在荷兰被认为是没有"工作前景"的学科，当我在20世纪60年代末来到莱顿大学时，这里的氛围像是一个小规模的学者团体，他们聚在一起从事"古怪"而艰难的研究，这些研究在学术界之外可能有实际应用，也可能没有。学术本身是令人钦佩和尊敬的。

同时，莱顿大学有着令人难以置信的个人自由，在这里上课并不是强制性的，你可以在家学习，直到你觉得准备充分了就可以预约考试。那时候，莱顿大学和许多欧洲大学一样，博士项目并不要求学生必须参加研讨会之类的活动。如果你找到了一位教授，他愿意在你所选的题目上指导你，那么除了写论文，你唯一需要做的就是和他讨论。

而在美国，中国研究的整个背景是不同的。在第二次世界大战期间，由于军队需要掌握亚洲语言的人才，中文和日语的研究出现了巨大的"繁荣"。从那时起，许多大学扩张了这些学科，政府为希望学习中文的学生提供有吸引力的奖学金。所以当我告诉美国人我在学习中文时，他们说我很明智地选择了一个"有前途的领域"。

尽管哈佛大学和莱顿大学有很多不同之处，但它们有一个重要的相似点：在这两所著名的精英大学里，学生都被认为具有一定的水平，但事实上这可能永远没法在实践中得到验证。有时我们的老师以为我们已经学过某些作品，实际上我们从来没有读过，甚至可能都没听说过！我们的前辈们也曾走"捷径"，比如举世闻名的哈佛大学教授赖世和（Edwin O. Reischauer）和费正清（John King Fairbank），都在他们的自传中承认，在研究生阶段他们主要是自学成才。

热爱诗歌，1983年写出《发现卞之琳》

南都： 中国历史一直是海外汉学研究的主流，即便是文学研究者也大多会从古代经典入手，而您做的是新诗研究，专攻当时还在世的诗人，这给您带来了哪些挑战？

汉乐逸： 我的个人兴趣很早就是中国现代诗。1970年，我发现了在我人生中影响至深的一本书——许芥昱翻译编辑的《二十世纪中国诗》。这本书用足足400多页介绍了从五四时期到20世纪中期的大约40位诗人。许芥昱对诗歌充满热情，他的英文译本也非常出色，不仅忠实于原著，而且有一种难以捉摸的魅力。我在那本书里第一次认识了卞之琳。许芥昱称卞之琳为"形而上的"玄学派诗人或哲学诗人。

与此同时，我也开始对西方诗歌产生了浓厚的兴趣，尤其是对哲学诗人华莱士·史蒂文斯（Wallace Stevens）。从那时起，无论是中国诗歌还是西方诗歌，吸引我的大多是现代作家。

我认为，研究古典诗词和新诗的区别在于，当你想要很好地思考或写作现代诗歌，你必须对几个世纪以前的欧美诗歌有所了解。但中国古典诗词不是这样的，你得把它视作一个独立的世界，实际上没有任何"非中国"的替代品可以与之相比。

南都： 20世纪70年代末您来过一次中国大陆，当时对中国的印象如何？见到了哪些人？

汉乐逸： 那是1979年的秋天，当时中国的物质状况（如基础设施、商品供应等）落后于我在东亚其他地区所看到的。虽然有时我对眼前的景象感到有点震惊，但在某种程度上，能够看到一种更接近我早年在中国文学中所读到的"旧"的氛围，对我来说是件好事。当时，我研究过的许多诗人都还健在，包括卞之琳。我不仅见到他本人，还与他讨论了他的诗！我还见到了艾青、袁可嘉等人，也第一次见到了郑敏，后来在鹿特丹举行的国际诗歌节上，我多次担任她的翻译，与她结下私交。她的十四行诗启发了我写自己的十四行诗。

那时，我们关于文学的讨论常常因为东西方所采用的截然不同的标准而变得复杂。例如，狄更斯和莎士比亚在中国被称赞为早期描写资本主义社会不公的作家，而在西方，人们更认可他们创造出一些令人难忘的人物。

南都：《发现卞之琳：一位西方学者的探索之旅》是一部里程碑式的作品，这本书脱胎于全世界最早的一篇关于卞之琳艺术成就的博士论文，都是出自您之手。当时为什么选择了卞之琳作为研究题目？

汉乐逸：主要是因为我个人对他的诗歌有浓厚的兴趣。但同时，在选择博士论文的主题时，最理想的是找到别人还没有广泛研究过的东西。那时候关于他的严肃学术文献真的还很少，所以我有尝试作出贡献的空间。

至于是什么真正激发了我对卞氏诗歌的兴趣，我认为是它"形而上"或"沉思默想"的气质，这也是许芥昱在他的书中所描述的，我在华莱士·史蒂文斯的诗歌中也发现了类似的特质，我一直试图在自己的诗歌中表达这种特质。

英文版《发现卞之琳：一位西方学者的探索之旅》书影

中文版《发现卞之琳：一位西方学者的探索之旅》书影

南都： 在关注卞之琳的境外学者中，香港中文大学的张曼仪教授也是较早的一位，她出版了《卞之琳著译研究》一书。在与其他学者的交流中，有哪些学者对您产生过影响？

汉乐逸： 是的，我很早就知道张曼仪的优秀作品，并在写作中参考了她的作品。后来，当她访问荷兰时，我有幸见到了她。她对卞之琳诗歌的翻译尤其有用，因为她提供了许多解释性的脚注。

另一位我欣赏的学者是杜博妮（Bonnie S.McDougall），她出版了何其芳的诗歌和散文选集，何其芳也是卞之琳的朋友和同事。

但我最喜欢的卞之琳的翻译作品仍然是许芥昱的，真希望他能多发表一些。我也非常喜欢卞之琳对自己诗歌的英译。英译版虽然听起来有些古怪，但这却是更具有诗性的。

南都： 您在书里评价卞之琳"是20世纪影响力最持久、风格最独特的中国诗人之一"，但卞之琳自己本人却曾说，自己称不上是major poet（大诗人），只能是minor poet（次要诗人）。在中国，卞之琳是否承受了与其诗艺成就不相匹配的冷落？

汉乐逸： 我必须承认，这几年来我并没有关注到这个问题。如果是这样的话，我可以想象其原因有三。首先，卞之琳原创诗歌的总量不是很大，在一些人的心目中纯粹的"生产力"是一个重要的指标；其次，他所有真正令人印象深刻的诗歌几乎都是在8年左右的时间里写成的，那时他还不到30岁，这可能会使他的诗歌生涯显得过于短暂；第三，他性格谦虚，不太外向，他不是那种大声自吹自擂、试图引起注意的人。

南都： 您的博士论文答辩期间，卞之琳先生曾远赴荷兰，亲自到现场，那时他有对这篇论文作出评价吗？你们之间讨论了些什么？

汉乐逸： 他来到莱顿大学访问对我来说简直是天赐良机。我的论文是基于书面材料和1979年在北京与他的一次长谈写成的。

在莱顿大学，他读完了整篇论文，在能够纠正的一些小的事实错误之外，他对我写的东西都是认可的。

我事先不知道他要来，安排他来的朋友们一直对我保密。轮到我答辩的时候，我们非常庄严且正式地走进莱顿大学最古老的大楼，突然，我看见卞之琳坐在桌子对面。我无法想象，这怎么可能呢！但我是一个很好的"演员"，也很擅长板着一张脸，所以我没有对他说一句话，只是用眼神和他打招呼。但后来，朋友们告诉我，我的脸色完全变白了！

在接下来的几天，卞之琳待在莱顿大学。和我一样，他对观光没有兴趣，我们花了几天时间详细讨论我的论文，他能给我更多关于他诗歌的背景信息，尤其是诗歌技术方面，比如节奏、结构等。得益于他的指正，我也对我的书的修订版作了一些重要的改进。这本书在1983年出版，后来翻译为中文版的《发现卞之琳：一位西方学者的探索之旅》，于2010年在中国出版，现在仍在以电子书的形式被阅读。我认为中文版的成功可能部分归功于李永毅的出色翻译。也许就风格而言，他的中文译本读起来比我的英文原著更好。

汉乐逸（中）与许芥昱（左）及卞之琳（右）交谈

汉乐逸在书房

在意某种伟大的"连续性的线索"

南都： 佛家和道家的世界观对我们理解卞之琳来说很重要，他在诗作里频繁使用这两大传统中的一些常见意象。在《发现卞之琳：一位西方学者的探索之旅》里，您详细地分析过其中一些意象的内涵，您似乎对中国哲学也有很深入的研究。

汉乐逸： 也许第一本真正引起我兴趣的书是阿伦·瓦兹的《禅之道》，我已经提到过了，这本书开篇第一章就介绍了道家哲学。另一个重要的早期灵感是卫礼贤（Richard Wilhelm）翻译的《易经》。瓦兹和卫礼贤对他们的课题充满热情和积极性，在我们年轻的时候，许多西方学生都读过这些书，不管我们是不是"嬉皮士"。但我很快发现，在学术界的主流中，人们对这些中国古代哲学著作的热情要低得多。它们被视为过去文化阶段的遗产，无论如何它们早已被翻译出来，不再需要继续研究了。

记得我还在莱顿大学担任教职的时候，一位美国同事给我们发了一封电子邮件，里面有一个他认为非常有趣的笑话。这个笑话是这样的：有三种迹象可以判断你搞汉学的同事是否已经衰老了——

    1.他为汉语发明了一种新的拼写系统；

    2.他对《老子》进行了新的翻译；

    3.他正忙于钻研《易经》。

    这本该是非常有意思的。我把这个笑话讲给几个受过良好教育的中国朋友听，结果没有一个人觉得好笑。中国人似乎觉得，对这些古老的文本感兴趣，表明你终于认识到了中国文化的真正本质和真正价值。

    那我自己呢？我从来没有发明过新的拼写系统，但我写了一本荷兰语的《老子多道新绎》。这本书在我70岁的时候出版了，这是一次非常不同寻常和激进的诠释。至于《易经》，我从来没有研究过，只是在1980年左右我为了写诗而寻找意象时查阅过。那组诗发表在一本杂志上，给一个荷兰出版商留下了深刻印象，于是邀请我和他们一起出书。那是我的第一本诗集，叫《日光下的图像》。它肯定不仅受到《易经》的影响，也受到卞之琳诗歌的影响。

南都： 您曾在中国台湾旅居多年，您对台湾当代诗坛的印象如何？

汉乐逸： 我并没有真正与很多台湾诗人有过重要的个人接触，而且自2004年退休以来，我也没有"跟上台湾诗坛的步伐"。我的注意力主要被周梦蝶和另一位"沉思"诗人羊令野所吸引。我翻译过羊令野的诗，但还没有出版成书——这就是我的"风格"，我天生不是一个很合群或外向的人，我更愿意仔细研究一两个诗人，而不是笼统地、模糊地"跟上这个圈子"。

    有一位诗人我确实接触过，并且亲自了解过，他就是洛夫。1992年，我在国际诗社担任他的翻译。他住在我家，我们一起旅行，并一直保持联系，但我没有动力翻译他的诗，因为约翰·巴尔科姆（John Balcom）已经翻译过了。但当我1999年在台北结婚时，洛夫以我的兄哥（即兄弟）身份出席并致辞。

南都： 从卞之琳到周梦蝶，您的诗歌研究有什么一以贯之的东西？

汉乐逸： 毫无疑问，在我对"玄学派"的兴趣研究中，我一直在意某种伟大的"连续性的线索"，即诗歌隐晦地暗示了我们生活中一个超越的维度，这也体现在我的翻译和我的原创诗歌里。因此我必须接受我的诗作永远不可能成为畅销书。但有一个例外，在我的原创诗歌出版物中，卖得最好的是我用荷兰语重写的《圣经·旧约·诗篇》，至今仍保持再版中。我希望有一天能把它翻译成中文出版。

南都：您在书里说："人类中有相当一部分并不理想化地看待'我'概念，并不崇拜西方语言中'我'所代表的东西，这往往为西方的中国研究者所掩盖或忽视。"从如何对待"自我"概念出发，来理解中国传统文学与西方文学。

汉乐逸：当然，佛教的核心教义之一是"无我"，不讲永恒的"自我"或"灵魂"这种东西，这与我那作为基督徒的祖父母所信仰的完全相反，即便在我父母"世俗化"的那一代人中也是如此。西方尽管存在各种各样的心理学学派、不同的学说，但它们似乎都相信凡个人都持有其独特的自我（ego）。

我生长在美国，那是一个非常个人主义的社会，非常强调独立和自力更生。说到我的家庭传承，我的父亲是一名心理学教授，我的母亲经常阅读心理学方面的书，所以我自然地接受：生活的动机是内在的或主观的，你在被"内在驱使"，而不只是对环境作出反应。

而在远东传统中，"我"更像是一个巨大社会场域里的"参与者"，而非一个完全独立的主体，主体的内在精神生活也不比它与他人的可见互动更为重要。西方文学中（至少从几个世纪前的浪漫主义运动开始）大部分都是关于个体的内在意识或内在精神生活。这真的可以追溯到我们的基督教传统，在这个传统中，个人灵魂的生命是最重要的，并且它是永恒的。我认为，西方人的身份意识正是源自于此。在大多数中国传统文学中，我们看不到对内心生活的强烈关注，人物的行动和言语、他们与环境的可见互动，比他们的思想更重要。

我至今记得，当我还在莱顿大学念研究生时，写过一篇关于林纾翻译狄更斯《大卫·科波菲尔》的论文。林纾将西方小说翻译成具有中国传统故事风格的文言文，在原著中，狄更斯经常用整段的篇幅描述人物在特定时间的内心活动，林纾直接删掉了大部分段落！对于西方读者来说，它们是故事中至关重要的一部分，但对林纾来说，这些段落可能只是"浪费时间"。

南都：您认为在中国文学研究领域，中西学者在对待同一对象时，所采取的路径和关切点有何不同？

汉乐逸：这有点难以概括，但或许我们可以说，在过去，中国学者更倾向于把作者塑造成群体、"学派"或"运动"的一个代表，试图在特定的历史时期确定一个"主流"，而不是把人视为"天空中的孤星"。

而像我这样的学者，过去在对待现代中国文学时，容易片面地重视所谓的五四文学、白话文运动等，可能是因为那些文学形式更像我们自己的文学，因此更容易被我们理解。事实上，那些一定程度上是基于对西方文学作品的翻译或模仿。我们低估了许多"新"事物在20世纪中国的实际背景下是多么的边缘化，也低估了传统文学形式继续存在的活力。有很多这一时期写作旧体诗的诗人，他们的作品流传得更广，也无疑比任何新诗作家都要出名得多。

南都：您的著作似乎没有受到太多文学批评理论的影响，您解释说自己对"将文学研究纳入分析社会、历史甚至人口统计学的潮流趋势不感兴趣"，表达的是一种"突出主体经验、强调非功利因素之价值的态度"。这种写作风格是如何形成的？您如何看待在文学研究中运用文学之外的跨学科的视角？

汉乐逸：我想说，一方面，我是个天生偏个人主义和关注自我的人；另一方面，和许多美国人非常关心现实社会议题不同，我对此类事情完全是听天由命。

回首我的童年，作为一个小男孩，我深受祖父母的影响，他们是非常虔诚的新教徒。如今我不再相信我祖父母的神学，但我仍然相信每个人都是独一无二的，相信他的思想、主体性或灵魂是至高无上的。

总的来说，我不太赞成把文学当作例子或引用来源，用于讨论文学以外的其他事情。当我们引入其他学科来阐释文学，仍应以文学本身为主，外部的学科只是辅助性的。在我看来，对待诗歌的理想状态是如同"单饮"一杯酒那样去享受它，当我们想要品味一杯杜康酒，就不应该往里头加可乐和冰块。但在我自己关于周梦蝶的写作中，我确实运用了弗洛伊德的关于"梦"的心理学以及胡塞尔的现象学。我这样做是为了表明，周梦蝶的诗可以用其他方式来解读，而不是仅仅作为对佛教概念的隐喻。这是否意味着我对这件事的态度是矛盾的？也许这就是庄子所说的"两行"吧，两者可以并行不悖。

南都：屠岸评价您的文章"以文本为经，以史实为纬，二者均不偏废"，从这个角度来看，《发现卞之琳：一位西方学者的探索之旅》既是一部诗歌研究专著，也是一部引人入胜的人物评传。在写作过程中，您如何处理史实材料和文本的关系？

旅行中的汉乐逸

汉乐逸：我认为这取决于我们在特定情况下选择强调什么。有一些诗人，像曼德尔施塔姆（Osip Mardelstam，1891—1938）或顾城，他们的生活是由悲剧性的客观事实决定性地塑造的，我们几乎无法在忽视背景的情况下去读他们的诗，尽管我确实在尝试，比如阅读《沃罗涅日笔记本》中曼德尔施塔姆的一些精彩诗歌。还有一些诗人，我想说的是卞之琳，他们的命运和生活并不是那么"坎坷"，但他们有非常丰富的内心或主观生活，并设法将其投射到他们的诗歌中。当然，我个人总是更倾向于主观的一面，但我知道这也是片面的，尽量不要太忘乎所以。

学中文"最大的收获是我的太太"

南都：除了学者，您还有一个身份是诗人。您是什么时候开始自己写诗的？

汉乐逸：1978年夏天，我在中国台湾待了三个月。这是我第一次接触"远东"的生活和中国文化，也是我第一次见到盆栽这种事物。受此启发，我写了几首关于盆景的诗，它们发表在一家荷兰文学杂志上。

第二年，也就是1979年，我第一次去了北京、杭州和四川。这次经历启发我用荷兰语写了六首诗。回想起来，不难看出它们受到卞之琳的影响。这些诗发表在一本文学杂志上，也就是我的首本作品集《日光下的图像》的缘起。

南都：还有哪些诗人对您的影响比较大？在您的生活中，诗歌扮演了一个怎样的角色？

汉乐逸：这可以从两个方面来看，一是读诗和写诗的工作，另一个是以"诗人"的方式生活，后者对我来说更重要。从学生时代起，我就一直想成为一名诗人，在现代西方对诗人的定义里，诗人是一种过着异常自由生活的人,他们拥有无视某些社会习俗的自由或"许可",力图意会和交流某些与日常生活无关的真理和见解。当然,这是我的定义,并不是所有的诗人都会同意,尤其是后面一部分。

T.S.艾略特(Thomas Stearns Eliot,1888—1965)是我心目中的英雄,因为和我一样,他在美国长大,但实际上他一生的大部分时间都生活在"旧世界"。从长远来看,他很关心宗教,写有关宗教的文章。华莱士·史蒂文斯和威廉·卡洛斯·威廉姆斯(William Carlos Williams)也是我的榜样,因为他们都不是全职作家,和我一样,在从事另一种职业的同时也在写诗。威廉姆斯通常不被认为是一个"哲学派"的诗人,但他也写道,重要的事情是努力"推动光明",并提到孔子作为一个例子。

南都: 回首与中文结缘的几十年,您最大的收获是什么?

汉乐逸: 对我来说,真正最重要的收获既不在学术上,也不在文学创作上,而在于个人生活。如果我没有学习中文,我就不

汉乐逸近照

会遇到我的太太，也不会与她共度余生。

主观上，我从我对中国文化和思想的深入接触中获益良多。我不会说我已经从根本上"皈依"了道家或王阳明的哲学，但他们的思想确实拓宽了我的视野。胡塞尔说，我们的意识始终是"我""我们"和"世界"这三个视角之间的相互作用。我想说，在我的"美国生活"中，我研究的是"世界"；在我的"欧洲生活"中，我理解了"自我"概念的精神深度；在我的"中国生活"中，我至少开始了解了"我们"这个词。

当然，客观地说，我的职业生涯非常精彩，对此我很感激。我的一些学生成了我的挚友，并且我从他们身上学到了很多东西。考虑到汉语是多么难学，一个人从头到尾要花多少时间泡在字典里埋头查单词，我为此已倾尽所能。

回首这一切，我想起了多年前在斯德哥尔摩与同事们的一次对话。一个编辑问我的波兰同事史罗甫（Zbigniew Slupski）："实事求是地说，写一篇关于《红楼梦》的好文章需要花多长时间？"史罗甫望向远方，想了一会儿，回答："嗯，大概需要三辈子，一个用来学习中文，一个用来阅读并理解《红楼梦》的每一个字，一个用来写出一些有意义的东西。"

好吧，这是一个很幽默的回答，听到的人都笑了。但我认为，史罗甫说一个人可以用一辈子学会中文，有点太乐观了。

撰文：朱蓉婷　供图：受访者

龙沛

Peter Lorge

努力破除宋代"崇文抑武"之成见

龙沛访谈

龙沛（Peter Lorge），毕业于宾夕法尼亚大学，师从知名汉学家郝若贝（Robert Hartwell），获历史学博士学位。现任教于美国范德堡大学，专长为10—11世纪中国军事史和思想史。主要著作有《重归一统：宋初的战与和》（*The Reunification of China: Peace through War under the Song Dynasty*，2015）、《帝制中国：初学者指南》（*Imperial China: Beginners Guides*，2021）、《孙子在西方：英美的战争艺术》（*Sun Tzu in the West: The Anglo-American Art of War*，2022）等。

"在美国，很多人研究中国。但很多次有人告诉我，我不能研究中国的军事史，因为中国没有军事史，或者战争在中国历史上并不重要。"沉迷于军事史和武术史的汉学家龙沛，一生都致力于打破美国学界对中国历史的此种刻板印象。

　　2021年，龙沛的军事史著作《重归一统：宋初的战与和》由康海源翻译，后浪出版公司引进，九州出版社出版。该书立足于翔实史料，探讨战争和政治在宋朝建立过程中发挥的作用，挑战了"宋朝开国是一个非军事化过程，宋朝自建立之初就重文轻武"的传统认知。龙沛指出，"战争与政治不仅塑造了帝国的疆域范围和治理结构，而且使宋朝的特征和文化得以形成"。

　　龙沛的汉学生涯始于对汉字、武术和《孙子兵法》的兴趣。大学本科时，他就开始学习文言文，并在毕业论文里翻译了《孙子兵法》。硕士期间，他学习了其他一些外语，攻读博士学位时，又回到汉语、文言文和日语。龙沛说："我真的很喜欢学习语言，所以我愿意在这上面做很多工作。"

　　在宾夕法尼亚大学，他师从知名汉学家郝若贝，以宏文《战争与北宋建国》获得历史学博士学位。龙沛向南都记者透露，军事史研究在美国学界相当冷僻，"冷战期间对越南战争的反对和反保守主义情绪导致美国学者拒绝将军事史作为一门学科"，图书市场上流行的军事史著作也都是非学术作者为大众读者而写。因此，当他对学界同侪提及，苏洵、苏轼和苏辙都对军事思想感兴趣，并为"武经七书"的编纂作出了智识上的贡献时，总有人感到十分震惊。

　　在《重归一统：宋初的战与和》一书里，龙沛破除宋代"崇文抑武"之成见，称宋代军队为"史上最强大的战争机器之一"。他说："我强调宋初战争的重要性，实际上是针对美国学术界，对他们来说，这可能是我说过的最激进的话。"

　　谈及海外学者研究中国历史的优势，龙沛表示，海外学者不会囿于成见。"非华裔学者有时会提出一些令中国学者感到惊讶的问题和研究。例如，我不认为中国学者会质疑文人文化在宋代的主导地位，或者像郝若贝那样质疑科举制度在社会流动中的作用。"

　　如今，他任教于美国范德堡大学，给学生讲授中国前现代史导论、中国早期思想、中国经济史和军事思想。他还开了一门课讲全球茶史，另一门课专讲中国美食和美国的中国食物。"人们对中国的兴趣如此之大，以至于我的课在学期开始时总是满座，尽管有些学生看到这门课有多难就放弃了。"他著述宏富，目前正在撰写关于中国的枪支、火药和武器史的书，2022年，他的讲述《孙子兵法》在西方接受史的专著《孙子在西方》也在美国出版。

我们的采访以邮件的方式进行。龙沛用中文回答了所有问题，并且在回信时说："我用中文写了很长时间。我也很抱歉我的中文太差了。"事实上，他的回答思路清晰，行文简洁流畅，显示出高超的语言才能。他喜欢上海，因为那里像他的故乡纽约；他自称是个"非常无聊"的人，只阅读用中文写作的历史书籍；假如穿越回宋朝，他希望"把丢失的书籍带回来，或者买一些士兵的武器"，并且"像一个普通人一样生活在开封"，呼吸那里的空气，目睹一些事件的发生。

英文版《重归一统：宋初的战与和》书影　　中文版《重归一统：宋初的战与和》书影

人物专访

沉迷于中国军事史和武术史

南都：请谈谈您的学术经历。您最初因为什么对中国古代史发生兴趣？您是如何进入这个研究领域的？

龙沛：因为对汉字的迷恋、对武术的兴趣、对《孙子兵法》的兴趣，我被吸引去学习汉语和中国。这些兴趣驱使我研究古代中国，因为我想找到所有这些东西的根源。当我开始尝试了解中国时，关于古代中国的英文资料很少。所以我开始时主要学习现代中国，直到我的中文变得更好，并且更多关于古代中国的英文图书出版了。我真正想知道的是军事史和武术史。

南都：您是美国汉学家郝若贝的学生，您的博士论文《战争与北宋建国》就是在郝若贝的指导下完成。我们知道郝若贝在美国宋史界赫赫有名，他建构的"郝若贝模式"对后来的唐宋变革研究产生了深远的影响。能否谈谈您对这位导师的印象？您的学术研究在哪些方面受到他的影响？

龙沛：郝若贝是一个非常聪明的人，而且非常有见地。作为学生，我真的很喜欢他，尽管我可能是少数喜欢他的人之一。他对我很诚实，曾经告诉我，我不是他最好的学生。当然，既然他是我的老师，我只能说他的好话。

他训练他的学生学习社会和经济史，以及这两个领域是如何联系起来的。他还和他的妻子一起创建了10至13世纪的人物传记数据库，这在当时并不容易。事实上，他在20世纪70年代就想这样做（使用打孔卡），但没钱去做，当时这非常昂贵。他告诉我，我可以写十几本关于宋朝军事的书，其他十几名学生也都可以写十几本书，但这些仍然只是现有资料的皮毛。所以，他非常支持我研究宋军的历史，因为他知道有多少工作要做，尽管他对军事史几乎一无所知。

我写了一篇关于宋朝开国将领的文章，希望有朝一日能继续关注这些将领的社会历史。这一切都来自郝若贝的社会史训练。我现在在教中国经济史，我未来在中国的枪支和火药方面的著作将主要关注生产经济学。这是来自他在经济史方面的训练。我的文章非常深入地研究了一手材料，我认为这最能显示他的影响力。郝若贝非常重视寻找一手材料并在技术上熟练使用它们。

南都：《重归一统：宋初的战与和》和您的博士论文《战争与北宋建国》在内容和写法上有什么不同？

龙沛：《战争与北宋建国》是我的论文，在美国被认为不适合出版。它根据一手材料详细描述了王朝建立过程中的军事活动。然而，对于大多数人来说，它叙述得太详细了，许多细节不那么重要。所以，我在《重归一统：宋初的战与和》中加入了与军事历史交织的政治和制度史，并删减了很多军事信息。对我来说，能够出版《重归一统：宋初的战与和》同样很重要，因为出版商不只想要军事方面的叙述。当我试图记住战役的一些细节时，我仍然会想起《战争与北宋建国》。《重归一统：宋初的战与和》涉及更多的政治史，这很有趣，还涉及更多的制度史。

《重归一统：宋初的战与和》也更侧重于论证军事史对理解宋代的重要性。我真正想让读者明白的是宋征战的过程和细节。实际上，正是征战影响了宋朝的发展。人们不应该忽视战斗，以及战斗如何影响政治，如何影响制度的发展，如何影响另一些战争。这些方面的变化循环在"澶渊之盟"之后才停止。所有这些事件都是偶然的，结果本来有可能大不相同。如果只说"960年宋开国"，"1005年战乱停息"，其实就错失了宋代的真正形成过程和中国现代性的第一个例子。

南都： 在《重归一统：宋初的战与和》中，您使用了"被二手研究忽视的大批史料"来复现历史的进程。这些史料具体涵盖哪些方面？它们在以往的相关研究中为什么被忽视？可以举一两个重要的例子吗？

龙沛： 任何语言的宋代军事史著作都很少。少数写过战争的中国学者，如王曾瑜教授，对所有的原始资料都了如指掌，但他们没有写过关于战争的记录，而只是自己阅读文言文。王教授写了很多关于宋军制度史的文章，但除了岳飞的著作和宋高宗的传记，他很少关注宋史的次要叙述。在西方，大多数学者甚至不知道宋代军事和军事行动的原始资料。

无论是宋代，还是整个中国军事史，我们都缺少一套重要的叙述战役的著作。有一些关于著名战斗（如赤壁之战等）的著作，但与西方军事史著作完全不同。

宋军曾是史上"最强大的战争机器之一"

南都： 您在书里以详尽的论述确证了战争在宋初政治史中的重要作用，并驳斥了这样一个观点，即宋朝之所以能够立国并成为一个稳固的帝国，靠的是士人文化的主导而非军事或政治斗争。可是哪怕对中国古代历史略知一二的读者都知道，朝代的更迭是通过战争实现的。而在王朝初年，往往会为了巩固政权而战争频仍。您为什么强调战争在宋朝建立初年的重要性？

龙沛： 因为中国被描述为"一个"地方，我们忽略了古代中华帝国的规模和多样性。当你考虑宋军必须收复多少领土（就像所有其他王朝一样），以及它必须在多少不同的环境中成功作战时，很明显它非常高效。965年世界上还有哪支军队能兵分两路攻入四川，每路大约三万人，两个月就征服了它？纵观960年至980年之间的世界，还有哪支拥有数万士兵的军队能走得这么远，跨越山河，打赢这么多战役？

宋军纵横千里，确保粮食和兵器供给，打败其他割据政权的军队。事实上，在宋太祖的领导下，宋军也击败了辽军。宋军年复一年打仗，其技术水平一定是出色的。

至于说宋军效力不高，这是从11世纪开始出于政治原因提出的观点。在宋征服期间，特别是在太祖的统治下，宋军非常成功。直到赵普被赶走，太祖死，太宗接任后，宋军的效力才有所下降。正是这种领导层的变化削弱了军队的效力。我希望我的书能解释其中的一些原因。至于构建11世纪宋军孱弱观点的政治原因，希望以后有时间再解释。

南都： 您在书里写道："宋初二十年的宋朝军队是有史以来最强大的战争机器之一。许多一手、二手材料都出于军事以外的一些原因，而坚决反对这种描述。"哪些材料可以佐证宋朝军队是史上"最强大的战争机器之一"？

龙沛： 这是美国的学术史学家——也可以说是只有美国的学术史学家——的特点。美国的历史和军事史有很大的非学术市场。美国的大多数军事史都是由非学术界人士为大众读者出版的。这也让一些学术史学家认为，军事史不是一门学术学科，因为它也可以很"流行"。

至少从20世纪60年代开始，美国学术历史学家就一直强烈反对研究军事史。冷战期间对越南战争的反对和反保守主义情绪导致美国学者拒绝将军事史作为一门学科。尽管今天这种情况有所改变，但它仍然存在于美国大学历史系中。只有极少数美国大学有军事史教职。我能在范德堡大学获得教职是个意外。在欧洲或亚洲，情况并非如此，人们一直认为战争很重要。当然，部分原因是直到20世纪，亚洲和欧洲一直有战争。在许多美国人的心目中，自1865年以来，美国土地上还没有真正发生过战争。碰巧，我最近一直在教一门关于美国内战的课程，因为范德堡大学所在的纳什维尔是那场战争期间的一个重要城市，一场非常重要的战斗在这里发生。

在美国，很多人研究中国，因为他们认为这是一种非军事的文化。很多次有人告诉我，我不能研究中国的军事史，因为中国没有军事史，或者战争在中国历史上并不重要。我说战争在中国历史上很重要，或者说战争影响了中国历史，其他人对此非常生气。当我告诉他们苏洵、苏轼和苏辙都对军事思想感兴趣并写过关于军事思想的文章时，有些人感到震惊，"三苏"为"武经七书"的编纂作出了智识上的贡献。

所以，我强调宋初战争的重要性，实际上是针对美国学术界，对他们来说，这可能是我说过的最激进的话。我想他们中的很多人也不相信我。我知道我将不得不用整个职业生涯来论证战争在中国历史上的重要性，然后我永远不会完全成功。在美国大学之外，这似乎是一件无须多言的显而易见的事情。

南都： 根据《重归一统：宋初的战与和》一书，1005年的"澶渊之盟"是宋朝历史上的分界点，在此之前，宋朝是一个具有强大的战争机器和军事文化的国家；而在此之后，战争在宋朝的政治生活中逐渐退去，文人文化兴起并占据统治地位。我们应该怎么理解战争结束和文人文化崛起的关系？

龙沛： 这是一个很好的问题，但还没有得到明确的回答。大多数历史学家只是断言，一旦战争结束，文人文化就会发展起来。这通常是正确的，但没有完全解释这种变化的机制。例如，郝若贝断言，职业官僚阶层在985年开始发展。与此同时，宋代的武文化也随着民间文化的发展而进一步发展。武文化沿着两条路线发展，在文人中间和在普通百姓中间。显然，我们对文人的了解要多得多，这可以追溯到你之前关于被忽视的军事史资料的问题。许多宋代文人写了很多关于战争和军事思想的文章。苏洵、苏轼、苏辙都留下了关于战争的著作，他们都支持创设军事课程，最终形成了"武经七书"。司马光写了关于军事考试的文章，富弼主张建立军事学院，等等。我有一些关于这方面的文章很快就会出来。我之前说过，随着社会和文化总体上变得更加复杂，宋代的文武文化都得到了发展。这显然发轫于唐代，不过我认为它开始于几个世纪之前。文人中这种军事思想和文化在很大程度上并没有体现在第二手研究中。我们看《武经总要》,只提火药配方,很少讨论军事思想的发展。这些事情发生在11世纪宋代文人思想文化的鼎盛时期。

民间武文化较难了解,但作为《水浒传》等大明小说素材的民间故事却出现在宋代。宋军有数十万士兵,民兵和普通民众广泛进行军事训练,到处都有武术表演。文人知道这一切,但他们更愿意坚持他们的文化——不同于平民和皇帝的文化——是主导文化。他们试图控制文化,并通过这样做来控制政治权力。因此,他们明确地瓦解了军事权力和军事文化的合法性。

我们没有深入研究的是,军队的观点在多大程度上仍然很重要,以及皇帝不理会文人的频率。文人文化很重要,它似乎在政府和精英社会中占主导地位。但我们只能从文人著作中知道这一点。也许我们认为1005年发生了变化是因为那是文人所说的变化发生的时候。11世纪早期的宫廷政治使我们对宋文化中战争地点的看法产生了偏见,并创造了10世纪军事与11世纪非军事的框架。但这是另一个非常大的问题,需要很多时间来解释。

提倡研究背景和方法的多样性

南都:您认为海外学者进行的宋史研究与中国学者的宋史研究在主题、视角、方法论等方面有哪些不同之处?海外学者研究中国古代历史有哪些优势和劣势?

龙沛:中国学者通常在汉语方面有很好的基础,并将中国历史视为他们的历史。中国历史,发生了什么,以及如何被解释的,对他们来说都很重要,而对于非中国学者来说却并非如此。因此,他们更容易利用第一手资料和第二手中文研究来进行研究,结论对他们的身份和文化观更为重要。简单来说,他们是在一群好人和坏人、好事和坏事、重要的图书和艺术品的陪伴下长大的。改变对这些事物的评价的研究，就改变了对中国的基本看法。

至少在开始时，非中国学者更难阅读第一手资料和第二手中文研究，而且他们必须了解有关中国历史的一切。例如，大多数美国人甚至不知道毛泽东是谁，除非他们在大学里上过中国现代史课。一些中小学确实教了一些关于古代中国的知识。年轻的美国人可能更了解秦始皇、孔子和老子，而不是任何现代事物。关于中国基本历史或文化的英文图书很少。因此，为了研究中国，非中国学者必须跳到学术图书上，抓住他们能掌握的任何知识，通常是以一种非系统的方式。

这样做的好处是，非中国学者不会从任何公认的关于中国历史是什么或它有什么意义的想法开始。如果对过去的解释发生变化，对他们来说也无关紧要。他们可以自由地探索和以不同的方式看待事物（我也希望我们能有更多的非美国人研究美国历史，获得不同的视角，提出不同的问题）。非华裔学者有时会提出一些令中国学者感到惊讶的问题和研究。例如，我不认为中国学者会质疑文人文化在宋代的主导地位，或者像郝若贝那样质疑科举制度在社会流动中的作用。他的论点是科举制度是社会流动的标志，而不是社会流动的手段，这一论点遭到了抵制。

我提倡研究背景和方法的多样性。部分原因是我几乎在所做的所有事情上都是局外人，部分原因是我可以看到不同的，有时甚至是相反的观点在研究中多么有价值。

南都：您目前正在着手进行什么研究项目？近期是否有新的出版计划？

龙沛：我正在做很多研究，这是一个尴尬的情况。我可以将我的计划分为两类：军事史和非军事史。在军事史方面，我正在做一个关于中国军事思想的大型项目，以及中国的一般军事史。我还在写另一本关于枪支和火药的书，还有两本关于武术史的书。

在非军事史方面，我正在写一部全球茶史，以及翻译一本关于11世纪私人信件的书。我在2021年出版了《帝制中国：初学者

《帝制中国：初学者指南》(Imperial China: Beginners Guides) 书影

《孙子在西方：英美的战争艺术》(Sun Tzu in the West: The Anglo-American Art of war) 书影

指南》一书，2022年又有新书《孙子在西方：英美的战争艺术》，讲述了孙子的《孙子兵法》在西方是如何被解读的。我也希望能找到一个中国博物馆合作，给历史上的兵器，包括清代的枪支，做个目录。我知道中国有更多的古代武器和晚期枪支，我们需要这方面的图书。

希望像个普通人一样生活在开封

南都：您是否到访过中国大陆？您对当代中国、中国城市和人民有什么印象？

龙沛：我从1993年开始去中国大陆，1997—1998年在北京住了一年，之后有一些短途旅行。上海感觉很像纽约市——我出生和长大的地方。从我刚到北京时到我几年前回到北京时，北京已经发生了很大的变化。北京有很多我完全认不出来的地方，甚至交通系统也发生

龙沛近照

了很大的变化。在前几年，我很幸运能带着两个女儿和妻子一起去中国。因为我的妻子很忙，我得带她们去北京转转，然后是南京。她们争论更喜欢哪个城市。我以前从没去过南京，看到中华门和南京城墙，我兴奋到连我的两个女儿都笑话我。我还去过中国其他地区。

从工业革命到现在，中国有时似乎同时存在于历史的不同阶段。我真的很喜欢火车系统，比美国好得多，而且中国对发展经济的兴趣浓厚。中国人民看到了巨大的经济增长，巨大的成长和变化是非常有压力的，所以我看到中国人面临着各种各样的压力。说我只是把中国人看成普通人，这听起来很奇怪吗？当美国的人问我中国人是什么样的时候，我只是说和其他地方的人一样。我去中国看古代遗址、与学者交谈、买书，或者在大学里做演讲，就像在其他任何地方一样。

南都： 历史学家总是和古人做朋友。假如可以穿越回宋朝，您最愿意去见一见宋代的哪一位历史人物？为什么？

龙沛：这是一个非常具有挑战性的问题。司马光是我的英雄，但我想他不会很喜欢我，因为我不是一个很岸然的人。我想见的当然是苏轼或者欧阳修，还有宋太祖、赵普这些政治人物。最近我对蔡襄很感兴趣，一方面是因为他的书法，另一方面是因为他写了关于茶的文章。我不得不承认，在现代，我对认识名人不是很感兴趣，只对著名的历史学家感兴趣。我想师从司马光或者欧阳修，如果那算"见"他们。我希望我能看到一些历史事件，但实际上，我希望我能去宋朝，把丢失的书籍带回来，或者买一些士兵的武器，像一个普通人一样生活在开封。正如我所说，我是一个非常无聊的人。

撰文：黄茜　供图：受访者

毕罗
Pietro De Laurentis

要真正了解中国古代社会就离不开书法

毕罗访谈

毕罗（Pietro De Laurentis），意大利著名汉学家、书法家和书法史研究专家，中国国家级人才项目入选者。1977年生于意大利，2007年获得那不勒斯东方大学汉学博士学位。现为广州美术学院教授，中国"二王"学研究中心专家委员会委员。主要从事书法学、铭刻学与写本学、美术文献研究与翻译、中国古代诗歌、符号学等领域的研究，使用意大利语、英语、汉语三种语言出版了多部著作，如《孙过庭〈书谱〉研究》（*The Manual of Calligraphy by Sun Guoting of the Tang*，2011）、《李白其人其诗》（*Li Bai: L'uomo, il poeta*，2016）、《尊右军以翼圣教》（2020）和《以书护法——〈集王圣教序〉研究》（*Protecting the Dharma through Calligraphy in Tang China: A Study of the Ji Wang shengjiao xu*，2021）等，并在德国《华裔学志》、中国《敦煌研究》《唐研究》《中国书法》等国内外权威刊物发表多篇论文。

2022年7月8日，华南地区唯一一所独立建制的高等美术学府——广州美术学院宣布，意大利著名汉学家、书法家和书法史研究专家毕罗被该校特聘为教授，于2023年开始招收硕士生和博士生。与此同时，该校还专门成立以毕罗教授为核心的中外书写文化与美术交流研究中心，培养书法史研究与书法文献翻译方向的人才，致力于促进中西方经典文化艺术的传播与交流。消息一出，海内外学界反响热烈，毕竟研究中国诗词乃至俗文学的西方汉学家很多，但专门研究中国书法的却十分罕见。当喧嚣归于平静，南都记者在广州美术学院大学城校区见到了毕罗教授，其时他在广州已经生活了半年多。

万物毕罗

站在南都记者面前的毕罗教授瘦削挺拔，目光炯炯，除了意大利男人的帅气与文艺，还多了几分儒雅。有报道称毕罗的名字取自《庄子·杂篇·天下》"万物毕罗，莫足以归"[1]，毕罗却说，其实这个名字并非出自他本人手笔，而是一名在意大利认识的中国朋友临时起意帮他起的。"1997年我还在读大学一年级，对中国的民俗和文化完全不熟悉，更不知道中国人起名儿有什么讲究。我跟那位中国朋友说了我给自己起的中文名字时，他就说'不不不，你得叫毕罗'。那时候我对'毕罗'二字没什么概念，后来同一些学养深厚的中国人交流时方才晓得'毕罗'有着深厚的历史含义和哲学含义，它不仅在《庄子》里出现，连《诗经》也有'鸳鸯于飞，毕之罗之'[2]的诗句。'万物毕罗'，听上去很有包容性，非常符合我的性格，所以我特别感激他。说起来，毕罗是我本名Pietro[3]的谐音，而Pietro在意大利语里头是'石头'的意思，石头与石刻也有一定的关系，也算是冥冥之中注定了我后来从事石刻研究的缘

---

[1] 《庄子·杂篇·天下》："芒乎何之，忽乎何适，万物毕罗，莫足以归，古之道术有在于是者。"成玄英疏："包罗庶物，囊括宇内，未尝离道，何处归根。"

[2] 《诗经·小雅·鸳鸯》："鸳鸯于飞，毕之罗之。"毛传："鸳鸯……取之以时，于其飞乃毕掩而罗之。"

[3] 意大利语Pietro（多译为"彼得罗"）和英语Peter（译为"彼得"）是西方常见的男性名字，二者皆源于拉丁语petra。

分。"一晃二十多年过去了,"毕罗"这个名字被毕罗沿用至今,但那位萍水相逢的中国朋友却早已消失在人海。

毕罗应南都记者要求在其中文专著《尊右军以翼圣教》的扉页签名,他熟练地以中文和意大利文题签。只见中文繁体字竖排写道"×××女史指正 义国毕罗敬赠",行书书写,内容得体,上下款齐全,完全符合中国文人赠书落款的格式。"义是正义的'义',毕竟我

《以书护法——〈集王圣教序〉研究》书影　　　毕罗行书作品

是意大利人。"①顿了一下,他又补充说,因为一大堆行李和图书还在从意大利寄来广州的路上,而他的印章就在这批行李上,还约了下次见面补上盖章。

---

① 意大利国名旧多译为"义大利",后改称"意大利",今天我国台湾地区仍沿用旧称。

书法行走

毕罗说，他对汉字的感觉可谓"情不知所起，一往而深"。1996年在大学第一堂汉语课上第一次看到中国汉字的时候，他就深深地爱上了这种神秘的文字。他回忆道："包括我在内的很多同学都觉得这种文字非常漂亮，非常有魅力。"

毕罗见识到真正的中国书法是在1998年下半年，他第一次来到他心中一直向往的神秘国度——中国留学。在北京电影学院进修的半年时间里，他最喜欢逛书店、买字帖和看大街小巷的灯箱，那时候的灯箱不像今天这样几乎全是电脑设计出来的字体，而是工匠双钩或临摹出来的书法字，非常漂亮。毕罗要学习中国书法的想法也在北京得到了热情的回应，很多书法爱好者都向他伸出了橄榄枝。"可惜他们要么练颜体，要么练柳体，我都不喜欢。"

直到这次中国留学生涯结束回到意大利，毕罗才遇到了他真正的书法老师王承雄。"那一年我22岁，王承雄老师40岁；我最喜欢欧体，而王老师擅长欧体，这种缘分真是妙不可言。我私底下从不称他为王老师，而叫他Maestro Wang，因为我们之间经常用意大利语交流，用中文来讲就是'王夫子'。"

王承雄在中国书坛并非泛泛之辈，他曾获过上海市首届楷书大赛三等奖，目前是中国书法家协会会员、上海市书法家协会会员，近年来专攻小楷，取法晋唐，气格高古，灵动洒脱。"王夫子"把毕罗带进了博大精深的中国书法的大门，20多年间，师生之谊从未间断。"直到现在，如果有什么笔法上的问题，我会通过微信把我写的字发给他，他会指点我注意哪里的结构、笔画，他的意见通常都很具体，我每一回都有收获。"而《尊右军以翼圣教》的书名，就是"王夫子"王承雄题签的。

从喜欢书法到遍寻名师学道，从掌握书写技巧到研究书法有成，毕罗的书法之路可谓一步一个脚印。除了做研究，毕罗至今仍坚持每天濡墨练字，经常临的帖里除被他称为"初恋"的《九成宫醴泉铭》之外，还有《集王圣教序》《曹全碑》《乙瑛碑》，甚至包括《峄山碑》和《石鼓文》。"我平常临《集王圣教序》的时候常用纯狼毫，但写楷书、隶书和篆书时却习惯用纯羊毫。我觉得写字是生活中最有趣的事，也是真正最让我开心的，最让我有成就感的。当然研究也是一种创作，可是对我来说，能够写出比较像样、比较好看的字所能带来的乐趣才是最大的乐趣。"

毕罗对于书法的痴爱还表现在他的一切旅行都以书法为主题。2018年起，他在《书法》杂志连载了十几期的《书法行走二十年——一个西方人游览中国书法文化》，让读者足不出户，也能跟随着他的脚步逐一观摩国内主要的书法胜迹。四川人民出版社计划将这些文章辑集付梓，取名《书法行走二十年》。"这本书算是给我过去二十几年书法行走生涯画上句号。"

南都记者注意到，毕罗办公室的墙上挂着一张中国地图，上面插着近20面小旗子。毕罗笑着说，这是我们根据《中国文物地图集》查到的中国书法调研目的地，"我们中心的研究团队都要去到当地进行深度调研，绿色代表待去，红色代表已去过"。

"书圣"粉丝

毕罗对王羲之情有独钟。他曾经撰文《王羲之与达·芬奇：两个中西美术传统的象征》，把王羲之比作东方的达·芬奇，把《兰亭集序》比作《蒙娜丽莎》。这种中西融通的视野和不拘一格的想象力让他一下子就"出圈"了。毕罗对南都记者表示，王羲之在中国艺术史上的崇高地位并非他在汉学界首次提出，早在20世纪30年代，著名汉学家喜仁龙[①]（Osvald Sirén，1879—1966）就持这样的观点了，他只是进一步把王羲之的地位具象化而已。"但如果我们西方人要客观地去评价《兰亭集序》，就必须得拿一件在西方享有同样文化地位的作品去做比较，我觉得最直接的就是达·芬奇的《蒙娜丽莎》。如此这般地把王羲之的地位具

[①] 喜仁龙，20世纪西方极为重要的中国美术史专家，曾担任瑞典斯德哥尔摩大学艺术史教授、瑞典国家博物馆绘画与雕塑部管理员等职。1920年起六次来华，曾在末代皇帝溥仪陪同下拍摄故宫，对中国古代建筑、雕塑、绘画艺术研究极深，代表作有《北京的城墙和城门》（1924）、《中国雕塑》（1925）、《中国北京皇城写真全图》（1926）、《中国早期艺术史》（1929）、《中国绘画史》（1929—1930）、《中国园林》（1949）等。

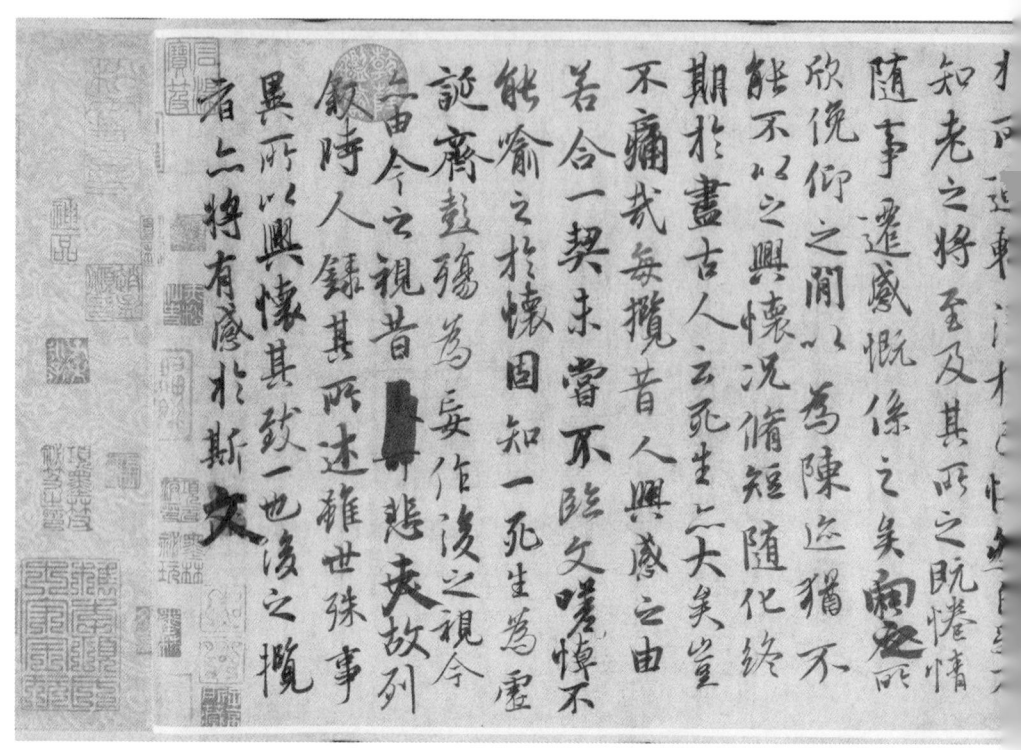

[东晋]王羲之《兰亭集序》(神龙本)

象化，西方人才能一下子意识到他的高度。毕竟不是每个西方人都懂得欣赏王羲之的笔法、笔势和艺术感觉，因为这需要一个训练过程，但他们一听到《蒙娜丽莎》就会明白如何进行对标和定位。《蒙娜丽莎》在这里成了衡量的标准。"

毕罗还透露，《兰亭集序》最早的西方译本不是英语，而是拉丁文。1879年，上海有位叫晁德莅①（Zottoli Angelo，1826—1902）的意大利人，写了一本《中国文学教程》（*Cursus Litteraturae Sinicae*），书中第一次把《兰亭集序》翻译成了拉丁文，介绍到海外。"所以，2022年10月，正在太空执行任务的意大利女宇航员萨曼莎·克里斯托福雷蒂（Samantha Cristoforetti）在国际空间站行经中国上空时，

---

① 晁德莅，又译安杰洛·佐托利，字敬庄，意大利天主教神父、来华传教士和汉学家。终身寓居上海徐家汇，历任徐汇公学校长、初学院院长、神学院神师等职。编著拉丁文《中国文学教程》五册，收列《三字经》与诗词、歌赋、八股文、尺牍、楹联、小说等，旨在便利来华传教士学习中文。

在社交媒体引用《兰亭集序》中的名句——'仰观宇宙之大，俯察品类之盛，所以游目骋怀，足以极视听之娱，信可乐也'，以此表达她俯瞰寰宇时飞扬的思绪。这在我看来是水到渠成的事。"毕罗目前正致力于兰亭诗集的研究，意大利文《兰亭诗集研究》书稿已经交给出版社排版，估计明年会在米兰面世。

因为在研究王羲之及其书法艺术方面取得的瞩目成绩，作为"书圣"崇拜者的毕罗成为中国"二王"学研究中心专家委员会委员。2019年春天，他受邀赴浙江省绍兴市参加在会稽山下举行的"兰亭雅集"，成为曲水流觞的诗人之一。他当场挥毫写下自作绝句：

初游斯圣地，未感有倾心。
俯仰十春过，西东岂不吟？

人物专访

重塑书法在中国文化史上的地位

南都： 您在《尊右军以翼圣教》这本书里用了跨学科的视角来研究中国书法史，您希望这本书达到什么目的？

毕罗： 这本书可谓我2010年因研究孙过庭《书谱》而涉足中古时期中国书法史乃至中国文化史以来的研究成果的一次总结，它跟我以前写过的书和论文有着非常密切的关系。比如说我在2006年出过的一本意大利文的书，叫《李白其人其诗》，通过对李白的生平和诗歌进行搜集、研究和翻译，我不但明白了中国古代文人的精神世界是既丰富而又复杂的，而且还了解到唐朝社会多层面的文化现象，这让我后来在研究《集王圣教序》时变得更敏感，或者说带着注意更多细节的心理去提出问题、发现问题、解决问题。

所以除了对书法史进行比较传统的研究，我这几年还关注中国古代文化的其他领域，如此一来，我才能对书法文物涉及的方方面面的问题有一个比较宏观的视角。在这种视角下，我考虑的问题与细节可能比一般做书法史研究的学者要复杂多样。因为现在对书法的理解基本上就是用毛笔写诗或者题字，但是在古代，书法是一门和社会有非常密切关系的艺术，它甚至具有政治作用，譬如《集王圣教序》碑。所以，我写《尊右军以翼圣教》，包括我研究书法的其他课题，一方面是要让研究书法的人意识到书法不仅仅是一门艺术，而且有着很复杂的历史背景，是中国传统文化的重要组成部分，我们要关注它的丰富性和多样性；另一方面也要让研究中国古代文学史的人，尤其是汉学家意识到书法在中国古代社会中的重要地位，让他们明白要了解中国古代社会就离不开书法。因为书法实际上是中国古代文人"正式出面"的一种行为，你不把它考虑进去，很多历史现象就会看得不够准确。让我高兴的是，最近西方比较权威的学术刊物刊登了一篇关于我的英文版图书《以书护法——〈集王圣教序〉研究》的书评，文章不乏赞美之辞，看来西方汉学界确实意识到了这本书里关于古代书法文化的探索的意义和重要性。总而言之，我的目的就是让书法的文化含义达到一个更高的层面，对它进行一个重新定位：明确书法不仅仅在艺术领域中占有重要地位，而且在整个中国传统文化体系乃至整个中国文明史中都占有重要地位。

南都： 中西方学者在面对同一个对象时研究的路径和观测点是不同的，您觉得您跟中国本土学者的书法研究的区别在哪里？

毕罗： 西方学者与中国学者做研究的一个明显区别在于，西方学者在使用文献的时候，需要把汉语原文的词语翻译成自己母语或者其他通用的学术语言。但这种转译给我带来了很多我认为一般人不会注意到的具体问题。因为一旦要把原文很多词组、术语具体化，我必然会触及许多人容易忽略的细节。像我提出的对"世""民"二字关注的研究成果，作为唐太宗李世民的名讳，它们能够出现在《集王圣教序》里是非比寻常的。那么多中国人临过《集王圣教序》，却没能留意到这两个字之间的关系。但是一旦要认真地把它翻译成外文，我就不得不注意到这个字是什么意思，就回避不了它了，一定要把它解决。我觉得这种困难对于西方人来说其实是促进很多研究突破的，或者说是问题意识的起点。

另外一个问题是学术规范。西方有传统汉学的背景，很多汉学家对查询文献、整理文献、使用文献的要求非常苛刻，这源于他们非常尊重中国传统文化。他们对文献的要求非常高，特别讲究版本、校勘，也就是说，你在读文献的时候是不是把所有的基本文献都参考了，是不是读到最好的版本。如果有某个文献出过其他语种的译本，也必须得去参考。所以我浏览了在研究《集王圣教序》时所用到的文献的英文、德文和法文的译本。像玄奘法师的传记《大慈恩寺三藏法师传》有一个德文的翻译很有意思，还没出全，因为它是一卷一卷地出，从1991年开始的，到现在还没出全。但幸亏《圣教序》和《述圣记》两卷已经出了，所以我三年前买了下来。虽然我没学过德文，但是我靠词典以及问懂德文的朋友基本上把翻译的含义了解了。主要是了解其中的注释，看它怎么解释典故和术语，事实证明，这个版本对我的研究而言很重要。如果没有西方汉学这种学术氛围，我有可能不会做得这么严谨。

收藏金石碑刻拓片的初衷是为了做研究

南都：听说您收藏了不少金石碑刻拓片，有哪些藏品是最难得的？此间有没有一些难忘的经历跟我们分享？

毕罗：我一直认为练习和研究书法看实物很重要，而且我不是收藏，我是收集。我收集的都是可能对研究书法史有帮助的、有代表性的或者有历史意义的一些拓片，主要是墓志和碑铭。

我第一次买的拓片跟当时正在研究的孙过庭有关。那时我还在天津工作，空余时间喜欢逛当地著名的古玩市场——沈阳道。一般眼睛都是向下看的，我走着走着，咦，看到某个路边摊有张拓片上的两三个字写得很不错，于是停下来，顺着拓片往上看，哇，原来是卢藏用[①]的隶书拓本，你知道我那一刻有多激动吗？卢藏用是跟孙过庭学过书法的，我觉得是捡了个大漏。还有一次

[①] 卢藏用（约656—约713），字子潜，幽州范阳（今河北涿州）人。曾官左拾遗、中书舍人、吏部侍郎、黄门侍郎、尚书右丞。能属文，工草隶、大小篆、八分。书则幼尚孙（过庭）草，晚师逸少（王羲之），八分有规矩之法。有文集三十卷，《全唐诗》录存其诗八首，《旧唐书》《新唐书》有传。

是在2005年，我跟当时的女朋友从杭州坐火车去上海。上海南京路的朵云轩三楼在卖拓片，我经常去。我那次看到有一张整张的《集王圣教序》，感觉品相不错，但有点贵。当时我还没有开始关注这方碑，只知道它很重要，所以有点犹豫。我的女朋友是澳大利亚人，是一名工程师，她其实并不懂书法，但她觉得我应该买下来，理由是既然我要研究书法史，而且也知道这件拓片很重要，就应该花这个钱。最后我就买了下来，年底带这件拓片回到意大利后，还让它在拿波里国家考古博物馆、那不勒斯东方大学与中国历史博物馆（今中国国家博物馆）、陕西历史博物馆合办的大型唐代文化艺术展亮相，着实让每位观众都"惊艳"了一把。现在说起来很有意思，也许我跟《集王圣教序》的缘分从那时就开始了吧。我写过两本书，一部英文的，一部中文的，都是关于《集王圣教序》的。

毕罗与他所收藏的唐玄宗御注道德经幢墨拓

广州的绿化很好，天特别蓝

南都： 因为遍寻书法胜迹，您的足迹已经遍布中国。您去过最多的城市和待的时间最长的城市分别是哪里？

毕罗： 中国那么大，我去过的中国城市算多吗？应该说我是去了很多跟书法有关的城市，所以美其名曰"书法行走"。我待的时间最长的城市应该是杭州，因为我在那里的两所高校——中国美术学院和浙江大学都留过学。除了杭州，在天津待的时间也比较长。去的次数最多的城市可能是上海，那儿有我的书法老师，而因书法研究去得最多的城市应该是洛阳和西安。

南都： 您第一次来广州是什么时候？对广州的印象如何？

毕罗： 我第一次来广州是2008年，那时候我在天津工作，负责天津境内的意大利建筑物修缮项目，当时广州的沙面也有一些建筑需要修缮和开发，所以我和一位意大利建筑师飞过来开会，会后在广州专家的带领下逛了一下沙面。之后2014年和2019年，我还来过几次，每次感觉都不错。我对广州的印象最深的是这座城市的绿化特别好，天空格外蓝，"花城"果然名不虚传。

南都： 不知不觉间，您在广州美术学院执教快半年了，感觉如何？

毕罗： 这次来广州教书，为我了解中国南方提供了一个特别好的平台。2022年4月底、5月初，我踏上广州这片土地时正值夏天，对我而言，适应广州夏天又湿又热的天气还有一定的困难。我和广州的朋友逛了一下天河区、越秀区、荔湾区，明显感受到广州和中国其他大城市有很大的区别。除了那些现代化的高楼大厦，广州老城区的市井气息也是很吸引人的，充满了生活的烟火气。尤其是留存于越秀区和荔湾区繁华闹市中心的一些历史古迹，譬如怀圣寺，也叫光塔寺，是伊斯兰教传入中国后最早修建的四大著名清真寺之一。此外，广州周边还有很多很有意思的小镇，我去过几个，有机会的话还想多去走走。

南都： 俗话说"食在广州"，您对广州的美食有何评价？

毕罗： 我不爱吃海鲜，更喜欢面食，所以对广州美食并不是特别感兴趣，不过广州的早茶有几款点心不错，譬如鲜虾红米肠。当然啦，每次有朋友来访，我一般会带他们去珠江新城的意大利餐厅打牙祭，那里的意大利比萨饼做得比较正宗。

撰文：周佩文　摄影：邹卫

岸本美绪
Kishimoto Mio

用崭新的视野看待明清时代

岸本美绪访谈

岸本美绪（Kishimoto Mio），1952年生于日本东京。日本历史学家，以研究明清社会经济史著称。在东京大学取得文学硕士学位，先后在东京大学、御茶水女子大学任教，现为御茶水女子大学名誉教授。主要著作有《清代中国的物价与经济变动》（《清代中国の物価と経済変動》，1997）、《明清交替与江南社会：17世纪中国的秩序问题》（《明清交替と江南社会：17世纪中国の秩序問題》，1999）、《明末清初中国与东亚近世》（《明末清初中国と東アジア近世》，2021）、《明清史论集》（全4册，2012—2021）等。2022年，其《風俗と時代観：明清史論集1》（2012）中文版《风俗与历史观：明清时代的中国与世界》在中国推出，引起学界广泛关注。

明清之际是中国历史上一个独特而重要的历史阶段。"人心与风俗交相环转",世事变迁之下,礼仪风俗往往是人群聚合而成的结果,也是洞察一个时代文明的窗口。

2022年,以研究明清史著称的日本历史学家岸本美绪,在中国出版了论集《风俗与历史观:明清时代的中国与世界》,从风俗、法制、礼教等不同侧面呈现明清时代的社会现象,将这些社会现象的变迁置于广域视野之下,以比较史的眼光进行把握,富有启发性。

书中,岸本美绪借助大量生动丰富的历史材料,步步逼近历史深处,希冀从其中发现暗藏的世风民情,抉发细微之处的时代印痕:明清时期到底是一种波动还是发展?暴力与正义、契约与法治、动乱与自治……从这些重要的话题中,我们得以重新审视此时的东亚乃至世界。

在日本汉学界,岸本美绪的学术地位毋庸置疑,她在明清史领域耕耘数十载,研究过的课题涉及多个方面,被认为是"日本中国史、明清史研究的正统继承者,同时也是有建设性的批评者",也有人称其为"日本研究明清史的四大家之一"。

日文版《风俗与历史观:明清时代的中国与世界》书影

中文版《风俗与历史观:明清时代的中国与世界》书影

从唐诗和《史记》开始了解中国文化

　　岸本美绪出生于20世纪50年代的东京，她的父亲是一名公司职员，工作之余热爱文学，对诗歌也颇有心得，家里书架也放有与中国诗歌相关的图书。从中学起，岸本美绪就开始关注中国，从唐诗、《史记》开始深入中国文化。她回忆道，20世纪50年代岩波书店出版过一套《唐诗新选》，是著名的中国文学研究者吉川幸次郎（Yoshigawa Kōziro，1904—1980）与诗人三好达治（Miyoshi Tatsuji，1900—1964）合著的，收录了上百首唐诗并附上解说。这套书带着编选者的独特灵感与文学兴味，是岸本美绪最早读到的与中国有关的图书。

　　升入高中后，她对中国历史的兴趣日趋浓厚。日本的高中设有汉文（古典中文）课程，教科书精选了从诸子百家到日本近代汉文相关的各式文章，岸本美绪对《史记》尤其感兴趣，武田泰淳（Takeda Taijun，1912—1976）的《司马迁——史记的世界》（《司馬遷——史記の世界》，1972）一书给她留下了深刻的印象。武田泰淳是在中国文学方面素养精湛的小说家，该书将惨遭宫刑的司马迁个人的苦恼与《史记》壮阔的世界联系起来，展开了关于《史记》的独特讨论。这本书反映了作者经历了与中国的战争而产生的自责与苦恼，与其说是客观的历史研究，不如说是文艺评论，但那种对历史与个人之间紧张关系的描述带有强烈的冲击力，令岸本美绪深深折服。为了能读懂《史记》，她开始抄写《刺客列传》来进行学习。

　　"如果有时间机器的话，我想去往《史记》舞台的战国时代或汉代，伫立在城市的角落，注视着眼前来来往往的人们。"岸本教授畅想着，如果能穿越回中国古代，她还想拜访两位历史人物，一是清代名臣张英，另一位名叫姚廷遴。岸本美绪在自己的学术处女作中对张英写的《恒产琐言》加以分析，张英教导子孙们应该如何经营田地、关注物价变动等，她觉得非常有意思。当时人们对于物价变动很敏感，并灵活地以此应付生活状况，这与固有印象中的"封建"经济观有所不同，引起了她的兴趣。姚廷遴是生活在明清交替时期的一个上海人，官僚家庭出身，接受了以科举入仕为目标的教育，却在乱世中放弃了举业，以平民之身度过了一生。姚廷遴的回忆录《历年记》生动描写了他辗转于商业、农业、胥吏等不同行业的经历，以及世态的变化、对地方官的评价等。在岸本看来，姚廷遴的《历年记》是她迄今为止处理过的史料中最有趣的一份。

进入大学后，岸本开始正式学习中文。当时的授课老师会时常强调汉字所带有的感觉的重要性。比如，汉语里如果要表示用眼睛捕捉对象之意，会使用"看""见""视""观""睹""瞰"等字，不同的字会伴随不一样的身体感觉，而用日本固有的词汇就很难清楚说明它们的区别。当时的老师教导他们，不仅要通过字典查阅翻译，还需要"触碰、品味"般去直接感觉一个字、一个字的具体的意象，才能提升中文水平。

她至今仍然觉得，阅读中文的乐趣之一在于这样的具体意象与文章韵律组合起来，有一份向读者的感性直接传递的强大力量。感性与理性很容易被认为是对立的两级，但如果剥离了意象与韵律，也就无法完全精准把握中文的逻辑。

从经济史转向社会史研究

1973年，岸本美绪进入东京大学文学部东洋史学科，师从西嶋定生（Nishijima Sadao, 1919—1998）、田中正俊（Tanaka Masatoshi, 1922—2002）。两位老师都是依据历史唯物论的框架进行研究的，从学术谱系上来说，或许可以说是广义的"历研派"，但在学生培养上，老师们不会限制学生的理论立场。自由、严谨、开放，强调对理论与方法的训练，鼓励批判思维，是东京大学东洋史的教学特色。

在日本，东洋史学有着悠久的学术传统。以京都大学和东京大学两大阵营为代表，孕育出了"京都派"和"东京派"两大师承谱系，自近代以来涌现了内藤湖南、宫崎市定、白鸟库吉、西嶋定生等一大批史学巨擘，他们研究成果丰硕，以扎实的史料研读见长，赢得了世界各国汉学界的尊崇和关注，也为中国学界提供了独特的"他者"视角。

岸本教授表示，在中国史研究领域，中、日、欧三地学术互有所长，不同国家学风各异，应互为借鉴，优势互补。相比欧美学界，日本的中国史学尤其要求精确阅读史料原文的能力，阅读原典也是历史系学生必备的素养。"想要批判前人研究，必须对其壮阔的体系有一定的了解"，日本学者在史料分析上用功之强，这种学风的传承在岸本这一代史家身上依旧可见。

回顾自己的学术轨迹，从明末的赋役改革，到清代的物价变动，岸本美绪的明清史研究最早是从经济史角度切入的，相比研究客观的经济事实，她发现自己对人们如何在变动的经济状况中思考与行动更感兴趣。于是，她逐渐从清代的经济史转向社会史的日常风俗研究。

"在思考清代的经济发展时，我并非套用以欧洲历史为基础抽取出来的宏大理论，而是希望依据当时人的想法，具体厘清他们如何因应变动的经济状况来选择自身的行动。"

她的代表性著作《清代中国の物価と経済変動》（《清代中国的物价与经济变动》，1997）、《明清交替と江南社会：17世紀中国の秩序問題》（《明清交替与江南社会：17世纪中国的秩序问题》，1999）、《風俗と時代観：明清史論集1》（《风俗与历史观：明清时代的中国与世界》，2012）、《地域社会論再考：明清史論集2》（2012）都蕴含着同根的问题关心，即以民众的活动为中心，考察个人行动与社会秩序形

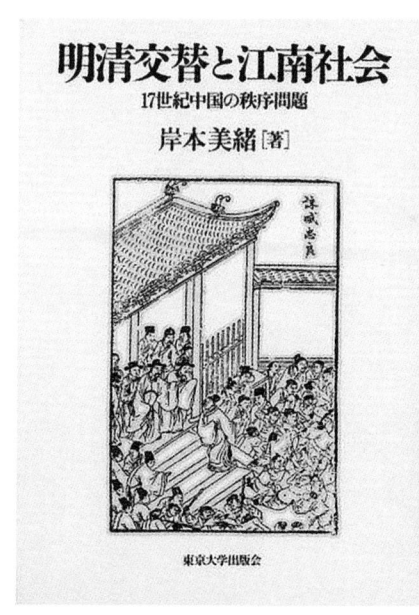

日文版《明清交替与江南社会：17世纪中国的秩序问题》书影　　日文版《明末清初中国与东亚近世》书影

成之间的关系。她想了解的是普通人在想什么，他们的目标是什么，当时的人们如何看待地方官、如何想象国家，这是思考明清时代的一个重要视角。

岸本教授回忆，在年轻的时候学界有一种风潮，似乎历史学者必须在明确的"问题意识"——特别是以社会变革为目标——之下开启研究。但自己在研究开始之前对此并没有明确的自觉，只是看到感兴趣的史料，在写作论文的过程中逐渐明白自己的关心所在。她认为，倘若自己的想法尚未清晰，那也未必需要在研究开始之前就勉强标榜"问题意识"，否则容易偏离自己内心真正的关切。

接下来，她希望回到初心，也就是经济思想相关的研究，特别是与"重商主义"相关的课题。她表示，过去人们倾向于把"重商主义"视作被自由主义所战胜的古老思想，但即便在欧美，这数十年间对重商主义的定义与评价也在发生巨大的变化。长期以来，在考察中国与西洋异同时，中国常被视为"重农主义"的国度，而将"重商主义"作为明清时代经济思想的一个切口来重新研究的话，或许可以引发一些新的见解。

本次采访以邮件方式进行，岸本教授对记者的问题均予以细致的回应，从笔答文字可见，她思维缜密、措辞严谨、态度恳挚，尽显学者风度。

人物专访

用崭新的视野看待明清时代 ——岸本美绪访谈

南都：说起日本的东洋史学，一直给人以史料功底坚实的印象，东京大学作为世界汉学研究重镇，您如何评价东大东洋史的教学特色、科研实力和学术风格？

岸本：东京大学东洋史的教学特色之一，应该是对精确阅读史料原文的能力的锻炼。这不仅是东大，更是日本的中国史学的整体特色，而且，说到对汉文史料读解的重视，也许京都大学的东洋史更加有名。如果一定要说与京大学风的差异，京大一般是站在史料写作者即士大夫的立场，尝试内在地解读史料；与此相对，东大的立场或许可以说是更倾向于留意作为支配阶级的地主士大夫的意识形态，尝试用批判性的观点进行阅读。无论是哪一种，日本大学的中国史研究训练都不会采取欧美那种阅读研究书籍然后进行讨论的方式，阅读前人研究并整理的学术史的工作大体任凭学生个人的努力。这样的教学方法有利有弊。就我自己来说，埋头于史料原文的阅读是一件很快乐的事情，因此我对以史料读解为中心的教育完全没有异议。

东大东洋史学风的第二个特点是，对理论、方法较为关心。虽然完全没有从老师处接受过"请阅读马克思的著作"的指导，但阅读与历史唯物论相关的原典是历史学专业的学生理所当然的素养，这成为当时的一种氛围。建立在欧洲经验基础上的历史唯物论的"基本规律"难以适用于中国，前辈学人为此多有苦斗。而到了我们这一代，这样的"基本规律"的框架本身走向解体，当时越来越需要用崭新的视野去看待中国历史。不过，为了批判前人研究，还是需要对其壮阔的体系有一定的了解，在这个意义上，理论、方法的学习是必需的，我们也因此训练了对理论与方法的感觉。

南都： 您对明清史的研究主要是从经济史角度切入的，第一篇毕业论文题目是《明末嘉兴府的赋役改革》，到了硕士阶段则深入研究清代的物价变动，在此过程中，有哪些其他社会科学领域的学者对您产生过影响？

岸本： 我在毕业论文中选择了明末的赋役改革为题，这是在当时日本的中国史学界有着厚重积累的领域。在毕业论文中，我以特定的地域（嘉兴府）为对象，细致地阅读了史料，由此得到了日本明清社会经济史研究的主流方法的训练，而论文就仅仅停留在对既往研究的细微补充与修正之上。但是，展示出改革派乡绅们看法的史料十分有趣，我当时想，也许我更适合做思想史的研究。

在硕士论文中，我选取了在既往的日本明清史研究中基本没有讨论过的物价问题为课题。其理由是，在此之前的史料阅读中，我觉察到当时的地主和农民都与"封建"社会的形象不同，他们关心着物价的动向，在买卖与经营中进行着机智的利害计算。我的硕士论文在进行量化的变动分析这一点上或许有一定的新意，但我自己的关心与其说是数字本身，不如说是人们如何在变动的经济状况中思考与行动。

这样的研究方法不是我的独创，我从经济学领域的研究中受到了莫大的启发。其中之一是村松祐次（Yuji Muramatsu, 1911—1974）的《中国経済の社会態制》（《中国经济的社会态制》，1949）一书。书名中"态制"一词是作者独特的用语，指的是营造出每个个体的经济行为的基础，即社会关系与行动样式的存在形态。各种各样的时代与地域中存在各自固有的"社会态制"，这赋予人们的经济行动以各自的特色。而在作者的描述中，清末至民国时代中国经济的社会态制一方面是自由放任的，但由于缺乏支撑自由经济的法律等制度性保障，因此另一方面也呈现出过度竞争的不安定样式。他认为，这既不是"封建的"，也不同于近代资本主义，是中国独特的态制。不是将西洋起源的发展阶段论套用于中国，而是尝试从中国独特的行动样式来说明中国的经济现象，村松的这一讨论让我觉得十分新鲜。

还有就是与西洋经济学史相关的小林昇（Kobayashi，1916—2010）的一系列研究。一般来说，研究经济思想史，很多时候是先厘清客观性的经济事实，然后将经济思想作为经济事实的反映来进行说明。而小林则是通过分析18—19世纪欧洲的经济学、经济思想，尝试解明当时经济结构的特质。他关注的与其说是被视作英国先进经济的代表者亚当·斯密，不如说是他的对立者，即提倡重商主义学说的思想家们。不是把他们的看法视作"落后于自由主义经济学说"之物，而是通过理解"为何他们会如此考虑"，尝试接近当时经济的特质。从思想史出发的小林的方法，给予我很大的启发。而且在当时，自由主义比重商主义更为先进的看法是经济学上常见的进步史观，小林对此展开了批判，而我在此前已对进步史观产生怀疑，所以这也引起了我的注意。

南都：您在《明清交替与江南社会：17世纪中国的秩序问题》中提出了"17世纪中国的秩序问题"，强调了明清交替之际的历史变动对中国社会转型的影响。怎样理解明清交替这一历史时期的重要性？

岸本：明清交替当然是中国历史上的一个巨大的变动期，但本书并非将其作为发展阶段论上的分期进行讨论。《明清交替与江南社会：17世纪中国的秩序问题》这一书名有几个含义。

第一，将明清交替视作"国家权力的空白期"，希望考察在这样的时期中地方社会的秩序如何发生变动。国家权力的动摇、空白以及与之相伴随的不安，会促使人们对平时视作理所当然的社会产生强烈意识并且进行思考。也就是说，我希望通过动乱期的现象来考察中国人的秩序观。

第二，这一书名也包含着尝试将当时的社会变动放在广阔的世界史的状况中进行考察的问题意识。说到"17世纪的秩序问题"，许多人的脑海中恐怕会浮现出霍布斯（Tomas Hobbes，1588—1679）等西方思想家提出的"社会秩序如何可能"这样的问题。17世纪对欧洲来说也是社会不安在扩大的时期，中国同样如此，这恐怕不是偶然。通过前面回答提到的物价、经济变动的研究，我认为明末以降的中国经济与世界性的经济动向有着强烈的联动。17世纪是16世纪以来商品经济的扩大因气候变动与货币金属产量缩小而遭遇阻碍的时期，这在各地都引起了社会的不安。

经过17世纪的变动，中国在清朝形成了新的体制。与明朝相比，清朝在民族构成方面是多民族国家，在社会经济方面是更为适应市场经济的流动性体制。这一时期，日本和欧洲诸地域也建立起新的集权国家体制，这在近代得到继承。从成为各具特色的国家的形成契机来看，不仅中国史，在世界史意义上，16—17世纪也是重要的时期。

南都：在日本学界被广泛接受的"近世"一词，在汉语学术界较少被使用。您如何定义"近世"？内藤湖南在20世纪前期提出的"唐宋变革论"强调宋代为中国"近世之始"，您将16世纪以降作为"近世"，是否否定了内藤湖南以来的"宋代以降近世说"？

岸本：原本在东亚汉字圈使用的"近世"一词，不过是含糊地表达"离现在较近的过去"之意。19世纪西洋的历史学用语modern传入后，虽然人们对其翻译用语"近世""近代"不作区别，但直到1910年前后为止，无论在中国还是日本，"近世"这一翻译拥有压倒性的优势。桑原骘藏、梁启超，还有内藤湖南等，很多人对中国的"近世"进行了讨论，其所指时期的标准也各种各样。

从1910年前后开始，无论在中国还是在日本，越来越多的人将"近代"作为特指19世纪以降传入的欧美思想与文化的词语。而在20世纪30年代的中国，将"近代"视作"近百年"即鸦片战争以后帝国主义势力入侵时期的著作开始增加，伴随着马克思主义史学的潮流，这一用法也愈发占据优势。

而在日本史学界，一方面，以中央集权化与货币经济的发达为指标，将16世纪后半叶日本统一以后的时期作为"近世"这一初期的用法延续了下来；另一方面，将1868年明治维新后在西洋的冲击下开展社会变革的时期称作"近代"的用法也在随后普及开来。主要指江户时期的"近世"与指19世纪后半叶明治维新以后的"近代"在历史学界并存并逐渐确定了下来。

从世界史的角度来看，近年来有一种说法越来越常见，那就是，西洋史中被称为modern的16世纪以降的时代又在18世纪后半叶的工业革命与法国大革命附近的时间点形成区分，在此之前和之后分别是"early modern"和"late modern"。"early modern"一词，本来应该翻译为"近代早期"，但在日本，由于在时期上与日本史中习惯称为"近世"的江户时代是重合的，所以很多时候就翻译成"近世"了。而东亚地区，因重视世界史层面的共时性而将16世纪到19世纪后半叶称为"近代早期"或者"近世"，将之后的时代称为"近代"，以此为区分的做法也具有一定的意义。如果认为16到19世纪初期中国的社会经济与欧洲相比并不一定是"落后"，那相比起"古代""中世"，可能"近代早期""近世"这样的命名更为合适吧。

内藤湖南是在中国史的发展阶段中对"近世"进行讨论的，而我是重视世界史意义上的共时性而对"近世"进行讨论的，最初的时代划分方式就存在差异，所以将16世纪以降作为"近世"的做法，并不会否定内藤的"近世"说。

南都：20世纪七八十年代，日本史学界经历了从传统的马克思主义史学范式，向"地域社会论"研究的转型，您是这场思潮的重要参与者和引领者。请简要谈谈这一转变的过程，以及"地域社会论"的提出对历史学产生了怎样的影响。

岸本：战后日本的明清社会经济史研究最初主要是以研究基层社会的阶级结构为主流的研究方式。因此，注意地域社会这一做法本身并不算是特别新的倾向，但这一方法的出发点可以说是1981年学术研究会的题目"地域社会的视点"，"地域社会论"的名称也就因此被使用了下来。当时名古屋大学的教授森正夫（Mori Masao）先生在这个研讨会的主题报告中提出，不是"只轻易依靠以往的阶级分析方式"，而是应该注意"以习俗、伦理、价值观等媒介而构成的有秩序意识的统合的场"。根据森先生的观点，研讨会的主题"地域社会"并非具有具体范围的实体概念，而是方法上的概念，即视角的问题。

森先生的这番话，批判了认为使用"阶级""共同体"等既定概念外在地研究中国社会就已经足够的方法，主张我们必须努力去更为内在地理解前近代中国人在想什么。这一主张，鼓舞了当时将马克思主义的方法运用于中国时陷入僵局的研究者们的心情。

关于这一主张，也有人批判为"主观主义""无视阶级矛盾"等，但这一主张在实证研究中得到了有效利用。尤其是在宗族等社会团体与宗教叛乱的研究中，与"地域社会论"相应的方法性倾向有显著的表现。也就是说，不仅指出社会团体与宗教叛乱中的阶级支配、阶级对立，而且追问为何在这样的团体与叛乱中人们会结集起来——这一尝试具体厘清人们的动机与结集经过的方向。这样的方法在日本明清史学界已经成为确定下来的普通方法，所以在近年"地域社会论"一词反而已经逐渐不再被人们使用了。

南都：您的老师田中正俊先生治学之严谨，在东洋史学界众所皆知，尤其是他十分重视对汉文史料典籍的分析与解读，甚至有"一日三行"之说。请谈谈田中先生在这方面对您的影响。

岸本：田中正俊老师学问姿态的独特之处有几个方面。第一，他是严谨的马克思主义者。20世纪80年代以降，日本史学界中马克思主义的影响逐渐弱化，取而代之的是各种新方法的流行，但田中老师没有轻易追随这些方法，而是坚持了历史唯物论的立场。

第二，说是历史唯物论，但老师并非自始至终都在进行物质层面的客观分析，从老师初期的论文开始一以贯之的，是那份难以隐藏的对农民斗争的满腔共感。1957年老师写了一篇介绍中国"资本主义萌芽"论争的论文，在结语部分，他提出"日本历史学家应该积极学习之处"，那就是中国的研究并非自始至终进行经济结构的分析，"正如在对直接生产者的抵抗运动、'市民'阶级意识形成的具体叙述中所见，拥有感性上的认识……的新的创造性"。反过来说，老师认为日本学界在严密分析的另一面缺乏这种"感性上的认识"，他对此种状况是持批判态度的。

第三，老师对语言非常严谨，总是展示出对一字一句都毫不马虎的姿态。这不仅指的是史料阅读时的严密性，他对待自己的文章也同样如此。老师屡屡提醒我"你的文章有点轻率了"，这与性格有关，也很难改正，但至今在写文章的时候，我也觉得老师的提醒犹在耳边。

关于您提问中的"一日三行"，虽然是为了把话说得有趣而有点夸张，但是，在阅读史料之时注意"效率"是没有意义的，这一点确实是我从田中研讨班中学到的。近年来，在必须量产成果的压力下，大家倾向于尽可能节省在每篇论文中投入的时间与精力，但这种倾向最终会使历史研究走向衰微吧。

南都：您在20世纪70年代末曾踏足中国，对实际的中国有了更直观的感受，当时的印象如何？

岸本：我在1978年第一次访问中国，那时候我还在读研究生。从北京开始，我走了走河南（林县红旗渠、新乡县七里营人民公社、安阳殷墟、开封等）、无锡（河埒人民公社）、上海等地。当时个人还不能轻松到中国旅行，所以我参加了民间学术团体中国研究所组织的参观团。与其说是观光，不如说是参观学习的形式。

因为时间很短只能走马观花，而且是用团体的方式访问事先准备好的访问地点，加之我当时的中文对话能力接近于零，所以就如同隔着画面去观察一样，没能好好利用这次难得的机会"直观感受"中国，非常遗憾。我觉得在海外的经验还是一个人拿着地图转转城市，言语不通之时惹人生气，这样一次又一次的经验积累更为重要，对于没有试过长期留学的我来说，这样的经验并不充分，这也让我对有留学经验者产生了一种羡慕之情。

南都：您和中国的历史学家们有过哪些切磋交流？您认为，在中国史领域，日本、中国、欧美学者各自的优势和区别是什么？

岸本：对我有过指导的中国老师非常多，很难一一枚举。请允许我只在此处列出在学术交流上特别照顾我的老师们所在的机构。中国社会科学院历史（古代史）研究所、近代史研究所、经济研究所，北京大学，中国人民大学，南开大学，复旦大学，厦门大学，还有香港的香港中文大学，台湾的"中央研究院"与历史相关的各研究所，台湾大学，台湾的清华大学，等等，许多老师给予我温暖的关怀，愉快的经验让我难以忘怀。

关于不同国家的学风差异，在过去的中国研究者眼中，日本的研究往好处说是"严谨"，往坏处说是"过分细致"，为中国学者所知的是那种在细节上追求严谨的匠人气质。在欧美，一般看法也是日本研究者善于对一手史料进行广泛搜罗而不擅长进行宏观讨论，记忆中有着把日本的研究比作第一产业即原料生产，把欧美的研究比作第二产业即制造加工业的论调。

不过，这样的状况在近年也发生着改变。改变之一是在日本的中国史学界，一方面年轻学者也积极参加对外交流，而另一方面就是过去的匠人手艺在逐渐丧失。这一改变发生的背景是年轻人所处的日本文化状况正在与旧日的汉文传统日渐疏离。

另一个改变是，伴随大量明清档案、地方文献的收集整理，使用原始史料进行精致研究的做法在世界范围内都有着飞速的进展。在原始史料这一点上，中国的研究者毫无疑问是有优势的。当然，不同地方也有所差别，很难一概而论。不同地域与研究机构也有着自身值得自豪的治学传统，相信在彼此的切磋琢磨中，今后的研究将继续发展下去。

撰文：朱蓉婷　翻译：梁敏玲　供图：受访者